Dr. Jürgen Becher

Flieg' dein Leben —
Werde Schwere los

Leben – Lieben – Loslassen
Drei Schritte zur Leichtigkeit

Sonne im Herzen!

Jürgen

Bibliografische Information der Deutschen Nationalbibliothek:

Die Deutsche Nationalbibliothek verzeichnet diese Publikation in der Deutschen Nationalbibliografie; detaillierte bibliografische Daten sind im Internet über http://dnb.dnb.de abrufbar.

3. überarbeitete Auflage 2016

© 2012 Dr. Jürgen Becher

www.hinzumleben.de

Titelfoto: © fotografiedk – Fotolia.com

Alle Rechte vorbehalten, einschließlich des Rechts, dieses Buch oder Teile davon in jeglicher Form zu reproduzieren.

Herstellung und Verlag: BoD – Books on Demand, Norderstedt

ISBN 978-3-8482-4199-6

FLIEG' DEIN LEBEN —

WERDE SCHWERE LOS

Leben – Lieben – Loslassen
Drei Schritte zur Leichtigkeit

»Jeder Mensch ist ein Engel mit nur einem Flügel,
und wir können nur fliegen, wenn wir uns umarmen.«

Luciano de Crescenzo

INHALT

Schön, dass Sie hier sind! 7

Schritt 1: Leben 9
    Der Sinn von allem 9
    Annehmen 14
    Fühlen 23
    Nicht-Handeln 30
    Nicht-Urteilen 34
    Vertrauen 37
    Der Schatten 42
    Freiheit 44
    Zusammenfassung 45

Schritt 2: Lieben 47
    Was ist Liebe? 47
    Warum lieben? 50
    Respektieren 52
    Wertschätzen 55
    Segnen 61
    Selbstliebe 68
    Grenzen setzen 71
    Zusammenfassung 75

Schritt 3: Loslassen 77
    Was läuft in Ihrem Leben falsch? 77
    Wissen, was richtig ist 79
    Recht haben 82

- Was andere über Sie denken 84
- Anstrengung 86
- Erwartungen an Sie selbst 89
- Erwartungen an die Welt 92
- Die Fehler der anderen 94
- Realität 95
- Alte Wunden 97
- Menschen (die Ihnen nicht gut tun) 102
- Angst 104
- Scham 111
- Zusammenfassung 116

Umsetzung: LeLiLo in Aktion 117
- Die Verbindung der drei Schritte 117
- Es gibt kein Müssen 119
- Gleichzeitig annehmen und verändern 121
- Sein im Hier und Jetzt 124
- Scheinheiligkeit 128

Praxis: Beispiele 131
- Auf der Autobahn 131
- Ich muss mich um alles kümmern 135
- Reingelegt 140
- Ärger mit dem Nachbarn 143
- Fehlender Lebenspartner 146

Alles Gute! 149

SCHÖN, DASS SIE HIER SIND!

Herzlich willkommen am Startplatz zum Flug Ihres Lebens! Dieses Buch ist Ihr Ticket in Richtung Leichtigkeit und Freude. Aber bevor Sie abheben können, werden wir gemeinsam Ihr Gepäck durchgehen müssen.

Wie beim echten Fliegen stört auch in Ihrem Leben jeder überflüssige Ballast an Bord. Jedes Gramm zu viel kostet Sie wertvolle Energie. Aber wie wird Ihr Leben leichter? Mehr Geld, mehr Konsum, mehr Wissen, mehr Unterhaltung, mehr ... funktionieren nicht. Denn am Ende der Gleichung kann nicht weniger herauskommen, wenn Sie vorne etwas addieren. Um das zu verstehen, reichen die vier Grundrechenarten.

Zum Kern der Lösung führt also die Frage: Worauf können Sie in Ihrem Leben getrost verzichten? Was macht es unnötig schwer? Sicherlich fällt Ihnen dazu ohne viel Nachdenken eine ganze Menge ein: belastende Verpflichtungen, anstrengende Beziehungen, zu viel Stress im Job, Streit mit dem Nachbarn, Ärger mit Kollegen, Ängste, Geldsorgen... Sie können die Liste beliebig fortsetzen.

Eigentlich wissen Sie ganz genau, was Sie gerne loswürden. Wieso tragen Sie diesen Ballast dann trotzdem mit sich herum? Offenbar haftet doch einiges hartnäckiger an Ihnen, als Sie das gerne hätten.

Durch die Lektüre werden Sie erkennen, wo die geistigen Haken sitzen, an denen das überflüssige Gewicht hängt, und wie Sie es von Ihrem Leben lösen können. Ich zeige Ihnen einen Weg zur Leichtigkeit in drei Schritten, mit dem Sie sich innerlich befreien und zum Höhenflug Ihres Lebens aufschwingen können.

Diese Methode ist vollkommen alltagstauglich. Sie können sie jederzeit anwenden, egal ob bei der Arbeit, im Supermarkt, im Urlaub oder beim Sport. Sie ist eigentlich kinderleicht und erfordert nur, dass Sie dazu bereit sind und sich dafür öffnen. Fassen Sie es als Spiel auf, das Sie in alle Begegnungen des Tages einbauen.

Die Schwere des Alltags und Ihre inneren Widerstände fallen auf diese Weise nach und nach von Ihnen ab, und indem Sie sich dem Leben und Ihren Gefühlen öffnen, stellen Sie Kontakt zu Ihren wahren Bedürfnissen her. Sie übernehmen so die Rolle, die Ihnen eigentlich schon immer zugedacht ist: der Schöpfer Ihres eigenen Lebens zu sein. Und das Leben hält mehr für Sie bereit, als Sie sich derzeit überhaupt ausmalen können.

Also bitte anschnallen, die Rückenlehne senkrecht stellen und das Handy ausschalten! Wir rollen bereits auf die Startbahn zu. Ich wünsche Ihnen von Herzen, dass Freude und Leichtigkeit bald Ihre ständigen Wegbegleiter sind und rufe Ihnen aufmunternd zu:

Fliegen Sie Ihr Leben! Werden Sie Ihre Schwere los!

Schritt 1: Leben

*»Sie können Ihr Leben nur
freiwillig oder unfreiwillig annehmen.
Eine dritte Möglichkeit gibt es nicht.«*

Der Sinn von allem

Was bedeutet Leben für Sie? Wofür sind Sie hier? Worin liegt der Sinn von allem?

Die Sinnfrage reicht tief und ist gerade deshalb ein guter Ausgangspunkt für unsere Suche nach der Leichtigkeit des Lebens. Das ist kein Widerspruch, denn der Ballast, von dem Sie sich befreien wollen, ist in der Tiefe Ihres Wesens verankert. Ihrem Leben Sinn zu verleihen und sich von unnötiger Schwere zu verabschieden, gehen Hand in Hand.

Wir alle brauchen Sinn, das liegt in der Natur des Menschen. Aber wie findet man ihn? Der Lebensweg jedes Menschen trägt einen verborgenen Sinn in sich. Sie kamen auf die Welt, um hier ganz bestimmte Erfahrungen zu machen. Weil das aber ihr ganz persönlicher Weg ist, kann kein anderer Mensch Ihnen sagen, was für Sie Sinn bedeutet. Deshalb gibt es im Grunde nur eine Methode, das herauszufinden, und die besteht darin, mit dem Fragen aufzuhören. Sie können aus Prinzip niemals von anderen eine Antwort darauf erhalten. Das liegt daran, dass die Frage in Wirklichkeit an Sie gerichtet ist, und nur von Ihnen selbst beantwortet werden kann. Das Leben stellt Ihnen die Frage nach dem Sinn jeden Tag, indem es Sie mit bestimmten Lebensumständen herausfordert: »Was machst du daraus?« »Wie bringst du hier das ein, was dir wirklich wichtig ist?« »Was liegt dir am Herzen?«

Schritt 1: Leben

Da die Frage täglich neu gestellt wird, können Sie auch immer wieder neue Antworten finden. Als Teenager haben Sie bestimmt andere Vorstellungen und damit auch andere Lösungen für Ihre schwierigen Lebenssituationen als im Erwachsenenalter oder im Ruhestand.

Der Sinn Ihres Lebens ist also einzig und allein Ihre persönliche Angelegenheit und liegt nur in Ihrer eigenen Verantwortung. Das mag Ihnen oberflächlich betrachtet vielleicht als Last erscheinen. Es ist aber im Gegenteil eine unglaubliche Erleichterung, weil Sie keinem anderen Herren als sich selbst dienen müssen. Sie müssen weder Sinn für andere schaffen noch ein Leben führen, das aus der Perspektive unserer Gesellschaft als »sinnvoll« erachtet wird. Deshalb sind Sie auch nie am falschen Ort oder in der falschen Situation oder mit den falschen Leuten zusammen. Der Moment ist immer vollkommen richtig. Sie sollten sich nur darüber klar werden, wie Sie das, was Ihnen wirklich wichtig ist, in jeden Augenblick Ihres Lebens einbringen können. Der ganze »hätte-wäre-könnte«-Gedankenballast fällt dadurch vollständig weg.

Bitte verstehen Sie mich nicht falsch. Ich meine damit nicht, dass es völlig egal ist, was Sie tun oder lassen. Die Sinnhaftigkeit eines jeden Lebens besteht immer darin, mehr Liebe, mehr Heilung und mehr Vollkommenheit in die Welt zu bringen. Das kann auf einer sehr kleinen persönlichen Skala stattfinden oder aber auch im Großen für die ganze Gesellschaft. Der Religionsphilosoph Martin Buber sagte dazu: »Jeder hat eine in Raum und Zeit ausgespannte Sphäre des Seins, die dazu bestimmt ist, von ihm erlöst zu werden.« Jeder hat folglich die Aufgabe, an der Heilung des Teils der Welt mitzuwirken, an den ihn das Leben gestellt hat – egal ob als Obdachloser auf der Straße oder als Regierungschef eines Staates. Nur was das genau in Ihrem Fall bedeutet, kann Ihnen alleine das eigene Herz sagen. Sie tragen die Antwort bereits in sich, in Form Ihrer Begabungen, Ihrer Werte und Ihrer verborgenen Herzenswünsche.

Ihr Auftrag bei der persönlichen Sinnfindung ist demnach, zu erkennen, was Ihnen wirklich wichtig ist. Sie wissen wahrscheinlich sehr genau, was Ihnen nicht passt. Aber was wollen Sie stattdessen? Welche Werte liegen Ihnen echt am Herzen? Liebe? Mitgefühl? Stabilität? Lebensfreude? Wachstum? Kreativität? Sie werden dadurch aufgefordert, sich selbst sehr gut und immer besser kennenzulernen, auf sich zu hören, ganz besonders Ihre Gefühle wahrzunehmen. Es ist ein Appell, sich selbst wichtig zu nehmen und wertzuschätzen. Sie sind die einzig gültige Referenz für Ihre Bedürfnisse. Kein anderer kann Ihnen sagen, was gut oder richtig für Sie ist. Das ist Ihre Aufgabe im Leben. Lesen Sie in Ihrem Herzen, und tragen Sie die Schätze, die Sie darin finden, hinaus in die Welt.

Aber wissen Sie eigentlich, was Sie tief in Ihrem Herzen wünschen? Die meisten Wünsche sind auf materielle Dinge gerichtet. Denn das sind die Werte, die unsere Gesellschaft als erstrebenswert ansieht. Mehr Geld, ein größeres Haus, ein neues Auto, Ferien auf Hawaii, ein neuer Partner, mehr Freizeit und so weiter. Was steckt aber hinter dem Ersehnten?

Entgegen der landläufigen Meinung hat der materielle Besitz an sich gar keine so große Bedeutung. Es geht hauptsächlich um die Gedanken und die Gefühle, die mit dem Erwerb oder Verlust des begehrten Gutes verbunden sind. Das sind die eigentlichen Motive und Bedürfnisse. Die Frage ist also: Welchen inneren Zustand erwarten Sie sich von der Erfüllung Ihrer Wünsche? Welche Gefühle erhoffen Sie sich davon? Ein schnelles Auto kann beispielsweise Empfindungen von Stärke, Freiheit und Jugend wecken. Vielleicht erwarten Sie von einem neuen Job mehr Kreativität, Einfluss, Macht und Wertschätzung? Die Frage ist immer, inwieweit der gewünschte Gegenstand tatsächlich der am besten geeignete Weg ist, die zugrunde liegenden Bedürfnisse zu befriedigen.

Ich möchte das an einem Beispiel anschaulich machen. Nehmen wir einmal an, Sie wünschen sich ein Wochenendhaus in den Bergen. Sie stellen sich vor, wie Sie sich dort vom Alltag erholen können, wie Sie Freunde einladen und ihnen stolz Ihren neuen Besitz präsentieren.

Schritt 1: Leben

Was Sie sich von dem Wochenendhaus insgeheim erhoffen, sind also vor allem mehr Entspannung und vielleicht auch etwas Anerkennung. Wenn Ihnen das in dieser Klarheit bewusst wäre, dann könnten Sie sich fragen, ob es wirklich der richtige Weg zu mehr Ruhe ist und ob (beziehungsweise warum) Ihnen die Anerkennung durch andere so wichtig erscheint. In aller Regel war Ihnen dieser Zusammenhang bisher aber nicht bewusst, und deshalb stellte sich die Frage noch nicht.

Was passiert voraussichtlich mit Ihrem Leben, wenn Sie sich das zusätzliche Häuschen tatsächlich leisten und nicht gerade in Geld schwimmen? Sie nehmen zunächst einen weiteren Kredit auf, der Sie noch mehr an die Arbeitswelt bindet. Sie erinnern sich, es ging Ihnen beim Kauf des Feriendomizils um mehr Erholung und Entspannung. Jetzt müssen Sie aber noch mehr arbeiten oder zumindest haben Sie weniger Spielraum, Ihre Arbeitszeit zu reduzieren.

Das Haus verpflichtet Sie darüber hinaus, es in Ihre Freizeitplanung ständig einzubeziehen. Jedes Wochenende fühlen Sie sich gezwungen, Ihr Haus aufzusuchen, schließlich haben Sie dafür viel Geld bezahlt. Wenn Sie nicht ständig Ihren Hausstand im Auto hin und her transportieren wollen, dann brauchen Sie zusätzliche Kleidung und Haushaltsgegenstände. Während Ihrer Abwesenheit muss sich irgendjemand um die neue Immobilie kümmern. Sie müssen einen Hausverwalter und einen Gärtner engagieren. Vielleicht möchten Sie auch ab und zu einmal an einem anderen Ort Urlaub machen. Dann läge es nahe, das Ferienhaus währenddessen zu vermieten, was auch organisiert werden muss.

Alles in allem müssten Sie sich fragen, ob eine derartige Investition geeignet ist, Ihnen mehr Erholung zu verschaffen. Wären Sie sich über Ihre wahren Bedürfnisse im Klaren, dann könnten Sie in kleinen Schritten Ihrem Herzen folgen. Sie würden dann eventuell Ihre Arbeitszeit langsam reduzieren und sich kleine Inseln der Erholung im Alltag einrichten. Vielleicht hätten Sie den Wunsch, sich täglich eine halbe Stunde für Meditation oder einen Spaziergang zu reservieren und sich jede

Woche eine entspannende Massage oder einen Besuch in der Sauna zu gönnen.

Den Weg zu sich selbst und zu Ihren Bedürfnissen finden Sie über Ihre Gefühle. Nur wenn Sie Ihre Gefühle annehmen und spüren, können Sie entdecken, was die eigentlichen Motive hinter Ihren Wünschen und Handlungen sind. Ihr Herz zu öffnen, für sich selbst und Ihre Bedürfnisse, ist einer der wesentlichen Aspekte, um die es in diesem Buch geht.

ANNEHMEN

Der Sinn Ihres Lebens besteht also darin, all das in die Umstände Ihres Lebens einzubringen, was Ihnen wirklich am Herzen liegt, also die Welt quasi mit Ihren Werten und Ihrem Wesen zu erfüllen. Dafür müssen Sie das Leben zunächst einmal so annehmen, wie es ist. Mit Annehmen meine ich nicht, zähneknirschend zu resignieren oder vor dem Leben zu kapitulieren, sondern nur, dass Sie für den Augenblick akzeptieren, dass die Umstände Ihres Lebens so sind, wie sie sind. Vielleicht klingt das für Sie zu trivial, und Sie sagen zu mir: »Na kommen Sie lieber Herr Becher, das mache ich doch eh die ganze Zeit. Was sollte ich denn auch sonst anderes tun?«

Ja, was macht man normalerweise? Stellen Sie sich eine ganz alltägliches Szene vor: Sie warten in einer Schlange an der Kasse im Supermarkt, verärgert darüber, dass Sie schon wieder einmal Ihre Zeit unnötig beim Einkaufen vergeuden. Vermutlich suchen Sie nach einem Schuldigen, beispielsweise den Ladenmitarbeitern, die nicht in der Lage sind, genug Kassen zu öffnen. Gleichzeitig beobachten Sie ungeduldig, wie die Kassiererin trotz des großen Kundenandrangs die Waren mit einer Seelenruhe im Schneckentempo über das Lesegerät zieht. »Echt eine Unverschämtheit, dass die sich so viel Zeit lässt!«, denken Sie sich vielleicht insgeheim. Jetzt will sich auch noch jemand, der nur ein paar Sachen in der Hand hat, vor Sie stellen. »Der kommt mir gerade recht. Normalerweise bin ich ja nicht so, aber heute habe ich es wirklich eilig. Also tut mir leid, aber ein bisschen warten kann dem auch nicht schaden.« Vielleicht ärgern Sie sich auch über sich selbst, dass Sie zu einer ungünstigen Zeit Einkaufen gefahren sind oder sich an der langsamsten Kasse angestellt haben (»Wieder 'mal typisch, da drüben geht's viel schneller vorwärts.«).

Lassen Sie uns jetzt die Situation genauer ansehen. Was passiert da mit Ihnen? Das Leben hat Sie zumindest für diesen Moment in die Warteschlange an einer Kasse gestellt, das ist Fakt. Aber Sie sträuben sich dagegen, weil Sie das Ganze gerne anders hätten, aus welchem Grund

Annehmen

auch immer. Vielleicht wartet tatsächlich ein dringender Termin auf Sie, aber das ändert nichts an Ihrer Lage. Von ihrem Gefühl her nehmen Sie die Situation jedenfalls nicht an. Ihre Aufmerksamkeit ist von Ärger und Vorwürfen absorbiert. Die andere Person mit den vollen Händen, die gerne den Platz vor Ihnen hätte, können Sie deshalb kaum wahrnehmen, jedenfalls nicht als einen Menschen. Sie sehen nur einen weiteren Störfaktor, der die verhasste Schlange vor Ihnen noch länger werden lässt, was Sie natürlich nicht dulden wollen. Apropos Schlange, woraus besteht diese denn? Ebenfalls aus Menschen. Können Sie diese Leute vor Ihnen in dem Moment als das sehen, was sie sind, sie wertschätzen und respektieren? Nein, die Schlange ist ein anonymes Ärgernis, obwohl Sie so nah hinter ihrem Vordermann stehen, dass Sie seine Nackenhaare zählen könnten.

Ein bekannter Weisheitslehrer wurde einmal gefragt, was die wichtigste Veränderung während seines persönlichen Erkenntnisweges gewesen sei. Er erwiderte, dass sich bei den täglichen Begegnungen mit anderen sein Fokus verschoben habe, weg vom Anlass der Begegnung hin zur Begegnung selbst. Früher ging es ihm beim Bäcker in erster Linie darum, leckere Semmeln zu bekommen und beim Friseur um einen schönen Haarschnitt. Heute steht bei ihm im Vordergrund, dem anderen Menschen im Moment der Begegnung seine volle Aufmerksamkeit und seinen Respekt zu schenken, also in unserem Beispiel der Bäckereiverkäuferin, dem Friseur oder auch den anderen Kunden. Der eigentliche Grund des Besuchs in dem Laden hat natürlich immer noch eine gewisse Bedeutung – wer möchte schon vertrocknetes Brot oder einen Haarschnitt wie Prinz Eisenherz – aber die Rangfolge hat sich auf Platz zwei verschoben. Die geschäftliche Beziehung ist nur der äußere Anlass, den das Leben gewählt hat, damit wir Gelegenheit bekommen, unser Gegenüber zu treffen. Allerdings kann dieser Anlass durchaus die Bedingungen diktieren und möglicherweise genau die Herausforderung darstellen, mit der das Leben uns weiterbringen möchte.

Stellen Sie sich vor, Sie hätten eine Reklamation, zum Beispiel wegen eines defekten Elektrogerätes, und gingen damit zurück in den Laden, in dem Sie es kürzlich erstanden haben. Der Verkäufer ist allerdings überhaupt nicht einsichtig und erklärt Ihnen, dass Sie den Defekt durch einen Bedienfehler selbst verursacht hätten. »Dieser Schnösel tut so, als hätte er davon eine Ahnung, dabei will er mich nur abwimmeln!« wäre ein gängiger Gedanke in diesem Moment.

Betrachten Sie die Situation jetzt bitte einmal so, wie ich es oben beschrieben habe, als Gelegenheit, den Menschen hinter der Verkäuferrolle wahrzunehmen, also nicht nur den »Schnösel«. Den meisten fällt das in einer emotional so aufgewühlten Situation sehr schwer, weil sie stark in ihren negativen Gefühlen gefangen sind. »Objektiv« gesehen, verhält sich der Verkäufer ja falsch, oder? Sie fühlen sich moralisch und vielleicht auch juristisch im Recht. »So kann man nicht mit einem Kunden umgehen!« Nur diese scheinbar objektive Sichtweise ist vor allem *Ihre* Perspektive. Der Angestellte hat offenbar einen anderen Blick auf die Dinge. Ob berechtigt oder nicht, sei dahin gestellt, er hat jedenfalls seine Gründe. Vielleicht hatte er heute Morgen auch nur Krach mit seiner Frau, oder es quälen ihn gerade schlimme Magenschmerzen, und er möchte Sie deshalb möglichst schnell wieder los werden.

Wie bringen Sie es fertig, eine solche Situation anzunehmen? Der wichtigste Schritt besteht darin, sich erst einmal dafür zu entscheiden. Das ist schon der halbe Weg. Sie müssen es nur wirklich wollen, alles andere kommt dann mit der Zeit von alleine. Aber vielleicht fragen Sie immer noch, wieso in aller Welt Sie sich dafür entscheiden sollten, etwas anzunehmen, was Sie partout nicht haben wollen. Wieso sollten Sie den sturen Verkäufer oder die Schlange an der Kasse überhaupt annehmen?

Die einfachste Antwort darauf ist: weil Sie keine andere Wahl haben! Auch wenn Sie mitunter vielleicht denken: »Mein Leben gefällt mir nicht, ich hätte es gerne ganz anders«, bleibt Ihnen trotzdem nur dieses eine Leben, zumindest in Ihrer aktuellen Inkarnation. Der Umtausch ist ausgeschlossen. Es ist ein Trugschluss zu glauben, Sie könnten sich für ein anderes Leben entscheiden. Es gibt tatsächlich nur die *eine* Entscheidung: Nehmen Sie Ihr Leben freiwillig oder unfreiwillig an? Andere Alternativen sind nicht vorhanden. Leider wählen viele von uns die unfreiwillige Variante.

Vielleicht wenden Sie jetzt ein: »Nein, für mich trifft das nicht zu, ich nehme so etwas überhaupt nicht an. Ich kämpfe dagegen an und versuche eine Lösung zu finden. Ich setze mich durch. Zum Beispiel rufe ich den Filialleiter, damit der eine weitere Kasse aufmacht, und wegen des defekten Geräts könnte ich ja zum Rechtsanwalt gehen.«

Aber darum geht es gar nicht. Das alles können Sie sowohl aus einer annehmenden, als auch aus einer ablehnenden Haltung heraus tun. Was ist der Unterschied? Nehmen wir wieder das Beispiel an der Kasse.

Ablehnende Haltung: Sie werden in der Schlange immer wütender, weil gar nichts vorangeht. Irgendwann platzt Ihnen der Kragen, und Sie drängeln sich an der Einkaufswagenkolonne vor bis zur Kasse, beschweren sich über das Ihrer Meinung nach unprofessionelle Vorgehen und verlangen den Filialleiter zu sprechen. Die Filialleiterin (hoppla, eine Frau) kommt nach fünf Minuten. In der Zwischenzeit hat schon eine zweite Kasse aufgemacht. Sie konnten sich dort aber nicht anstellen, weil Sie ja noch auf die Chefin warteten. Das verstärkt noch Ihren Zorn, und der Dame schlägt als Begrüßung sofort Ihr Unmut entgegen. Trotz Ihrer Ausbrüche bleibt sie aber ausgesprochen höflich, was Sie nur noch mehr zur Weißglut treibt.

Inzwischen ist der Stau an der Kasse abgeebbt, und letztlich bleibt Ihnen nichts anderes übrig, als sich wieder brav einzureihen. Natürlich teilen Sie der Chefin zum Abschied noch mit, dass Sie das letzte Mal in ihrem Laden etwas gekauft haben (»Mist, wo soll ich dann einkaufen, es gibt eigentlich keine Alternative in der Nähe.«). Während Sie ins Auto einsteigen, sind Sie immer noch ganz aufgebracht und beim Zurücksetzen aus dem Parkplatz stoßen Sie mit dem Kotflügel gegen einen Begrenzungspfahl. Den hatten Sie vor lauter Ärger ganz übersehen. »Wieso muss da auch noch so ein blöder Pfosten herumstehen. Es kommt aber immer auch alles zusammen!« Schließlich gelangen Sie nach Hause, und dort kann am Ende Ihr armer Partner oder Ihre Partnerin die schlechte Laune ausbaden. Aber wenigstens haben Sie den Anfängern im Supermarkt ordentlich die Meinung gesagt.

Annehmende Haltung: Sie stehen in der Schlange. Sie hätten auch noch eine Runde durch den Laden drehen können, aber Sie haben sich bewusst für das Anstellen entschieden. Sie sehen die Menschen um sich herum und bemerken, wie sie ungeduldig auf die Uhr sehen und sich umschauen, ob nicht eine weitere Kasse öffnet. Sie spüren auch in sich Ungeduld und Unzufriedenheit mit der Situation aufkommen, lassen diese Empfindungen zu und fühlen sie. Sie spüren die Ablehnung gegen das Warten in Ihnen drückend und brennend in Brust und Bauch. Indem Sie in das Gefühl hinein atmen, nehmen Sie es ganz bewusst wahr. Sie gehen mit Ihren inneren Sinnen in das Gefühl hinein (die genaue Beschreibung wie das geht finden Sie im nächsten Abschnitt »Fühlen«).

Gleichzeitig nehmen Sie auch Ihren übrigen Körper wahr, den Boden und die Schuhe unter den Fußsohlen und den Einkaufswagen in den Händen. Sie machen sich klar, dass in Supermärkten das Personal knapp ist, und die Kassiererinnen zwischen dem Einräumen der Regale und der Kasse ständig hin und her pendeln müssen. Während Ihre negativen Emotionen durch das Atmen und Fühlen abebben, spüren Sie Mitgefühl mit diesen Menschen, die für wenig Geld eine sehr harte Arbeit machen. Sie können sich einfühlen, wie anstrengend es für die Kassiererinnen sein muss, zusätzlich zu ihren Aufgaben auch noch mit der Ungeduld der Kunden umgehen zu müssen.

Ruhig bedenken Sie die Situation. Welche Optionen haben Sie? Falls Sie nicht unter Termindruck stehen, dann nutzen Sie die Zeit, um genau wahrzunehmen, was um Sie herum und in Ihnen passiert. Solche ungeplanten Zeiten der Muße können willkommener Anlass sein, sich kurz zu entspannen und in die Achtsamkeit für das Jetzt zurück zu finden. Als jemand mit einer Handvoll Sachen Sie fragt, ob er sich vor Sie stellen darf, schenken Sie ihm ein Lächeln und ein paar freundliche Worte und lassen ihn vorbei. Vielleicht ergibt sich auch ein nettes Gespräch. Es ist meist kein Zufall, dass uns ein bestimmter Mensch begegnet, sogar an der Supermarktkasse.

Falls Sie es jedoch eilig haben, schätzen Sie ab, wie lange es in etwa dauern wird, bis Sie mit Ihrem Einkauf dran sind. Reicht die Zeit? Nein, es wird zu knapp. Sie gehen zur Kasse vor, bitten die Dame höflich um Entschuldigung und erklären ihr kurz, dass Sie noch einen dringenden Termin haben. Sie fragen, ob vielleicht noch eine weitere Kasse öffnen könne. Sie lächelt freundlich zurück und erwidert, Sie mögen sich schon einmal drüben anstellen, inzwischen rufe sie eine Kollegin aus. Als Sie Ihre Sachen an der anderen Kasse gerade ausgepackt haben, kommt auch schon die zweite Kassiererin. Hätte es mit der zweiten Kasse nicht geklappt, dann hätten Sie eventuell versucht, Ihren Einkauf später abzuholen, beispielsweise auf dem Rückweg von Ihrem Termin.

> **TIPP: INNERLICH STEHEN BLEIBEN**
> *Ihr Leben anzunehmen heißt, in jedem Moment die Situation und die damit verbundenen Gefühle zu akzeptieren. Das Wichtigste am Annehmen ist, innerlich stehen zu bleiben. Nicht versuchen, das schlechte Gefühl durch Handeln oder Vorwürfe gegen andere wieder los zu werden. Bleiben Sie bei Ihrem Gefühl, und öffnen Sie Ihr Herz dafür, indem Sie es zulassen und einfach nur hin spüren.*

Um den Unterschied zwischen ablehnender und annehmender Haltung für Sie noch klarer werden zu lassen, schildere ich jetzt auch noch das Reklamations-Beispiel im Elektrogeschäft in den beiden Versionen.

Ablehnende Haltung: Als der Mann hinter dem Verkaufstresen Ihnen zum zweiten Mal vorhält, Sie seien selbst an dem Defekt des

Schritt 1: Leben

neuen Gerätes schuld, fahren Sie aus der Haut und machen ihm klar, dass Sie ihn für schlichtweg inkompetent halten. Der Verkäufer reagiert darauf etwas gereizt, denn Sie haben gerade seinen Stolz verletzt. Er weist Sie auf Ihren unangemessenen Ton hin und schlägt Ihnen vor, an Ihren Umgangsformen zu feilen. Außerdem hält er Ihnen die Geschäftsbedingungen unter die Nase, nach denen Bedienfehler eindeutig von der Garantieleistung ausgeschlossen sind.

Das lassen Sie sich natürlich nicht bieten und verlangen, mit dem Filialleiter zu sprechen. Der Verkäufer verschwindet daraufhin in den Büroräumen des Geschäfts, wo er seinem Chef mitteilt (das hören Sie natürlich nicht), dass vorne an der Theke ein aufsässiger Streitbold warte und sich bei ihm beschweren möchte. Sie sind in dieser Woche mindestens schon der Zehnte dieser Sorte, und entsprechend innerlich gewappnet kommt der Filialleiter nach vorne, bereit, notfalls jedes Gefecht mit Ihnen durchzustehen. Mit professioneller Miene und geheuchelter Freundlichkeit fragt er Sie nach Ihrem Anliegen. Sie können sich vorstellen, dass bei diesen Startbedingungen Ihre Erfolgschancen bei ihm nahezu null sind, vor allem, wenn Sie Ihre herabsetzende Verhandlungstaktik unverändert beibehalten. Den weiteren Verlauf des Gespräches möchte ich Ihrer Fantasie überlassen. Wenn Sie Glück haben oder ein besonders guter Kunde sind, werden Sie vielleicht aus Kulanz trotzdem das Gerät ersetzt bekommen. Andernfalls können Sie höchstens noch mit Ihrem Anwalt vor Gericht gehen, falls es Ihnen das wirklich wert ist. Gerichtsstreitigkeiten bedeuten Ärger und Kosten für die nächsten Monate oder sogar Jahre. Ein solches Vorgehen muss man sich also gut überlegen. Es gibt fast nichts im Leben, was dafür stehen würde, einen so selbstquälerischen Weg zu gehen.

Annehmende Haltung: Sie hören, wie der Verkäufer Ihnen die Schuld am Defekt des Gerätes gibt, und Sie spüren, wie Wut und Hilflosigkeit in Ihnen als Druck und Ziehen in Bauch und Brustkorb anwachsen. Sie bleiben bei dem Gefühl und atmen in den Druck hinein. Nicht handeln – stehen bleiben und fühlen. Sie nehmen die Situation und Ihre Gefühle so an, wie sie gerade sind. Genau das ist Ihr Leben in diesem Moment. Gleichzeitig bleiben Sie sich des Menschen bewusst, der Ihnen in Gestalt des Ladenmitarbeiters gerade gegenübersteht. Ein Mensch mit Bedürfnissen und Gefühlen wie Sie selbst. Sie versetzen sich in seine Lage und sehen sich selbst mit seinen Augen. Wie würden Sie an seiner Stelle von Ihnen als Kunden behandelt werden wollen? Sie möchten besser verstehen, was er denkt und was ihn bewegt. Deshalb fragen Sie ihn, wie er zu der Ansicht käme, dass es sich um einen Bedienfehler handeln könne. Er legt Ihnen dar, dass er mit diesem Gerät vertraut sei und den gleichen Defekt schon mehrfach gesehen habe.

Er führt Ihnen vor, wie die falsche Benutzung den Defekt auslösen kann. Jetzt spüren Sie, wie sich in Ihnen erste Anzeichen von Angst und Verunsicherung zu der langsam abflauenden Wut gesellen. Eventuell hat der Mann Recht. Sie lassen diese Möglichkeit zu und atmen in die Unsicherheit hinein. Sie können sich in seine Sichtweise hineinversetzen und sagen ihm deshalb, dass Sie seine fachmännische Kompetenz sehr schätzten. Dabei loben Sie, dass er Ihnen den Zusammenhang sehr anschaulich habe erklären können. Aber sie bringen auch zum Ausdruck, dass es vielleicht doch ein Problem mit dem Gerät sein könnte, wenn der gleiche Bedienfehler immer wieder auftrete. Sie hätten sich vom Hersteller einen deutlicheren Hinweis auf diese Möglichkeit gewünscht. Sie betonen, dass Sie gerne in sein Geschäft kämen, vor allem mit der Beratung immer sehr zufrieden wären und erwähnen auch, dass Sie die Kundennähe sehr zu schätzen wüssten. Sie bitten ihn, sich in diesem Fall dafür einzusetzen, im Rahmen der Kulanz eine Lösung zu finden. Der Verkäufer fühlt sich von Ihnen in seiner Rolle wertgeschätzt. Er freut sich, dass er anerkannt wird und dass er die Möglichkeit hat, Ihnen durch seine Hilfe zu beweisen, dass Sie sich nicht in ihm getäuscht haben.

Die wichtigsten Unterschiede sind also:

- Für den Moment nehmen Sie die Situation so an, wie sie ist.
- Sie empfinden Ihre Gefühle ganz bewusst, lassen sich aber nicht von ihnen überwältigen.
- Fühlen bedeutet, in die Körperempfindungen hinein zu atmen und sich ganz darauf einzulassen.
- Sie gehen wertschätzend und respektvoll mit allen Menschen um, egal, welche Rolle sie gerade spielen. Auch und gerade, wenn Sie sich ärgern und wütend sind.
- Respekt heißt andererseits nicht, dass Sie sich nicht wehren dürften. Der Kampf zwischen Rittern war früher meist von gegenseitigem Respekt getragen.
- Sie sind sich bewusst, dass alle Menschen ihre Gründe haben, warum sie so und nicht anders handeln. Diese Gründe sind aus deren Sicht immer berechtigt.
- Es kann interessant sein, ihre Gründe zu erfahren.
- Sie versetzen sich in die Situation der anderen Menschen und fühlen, wie es Ihnen selbst damit gehen würde.
- Sie erwägen alle Optionen, die Sie haben, und entscheiden sich bewusst für eine Möglichkeit.
- Dabei lassen Sie sich sowohl von Ihrem Verstand als auch von Ihrer inneren Stimme leiten, aber nie von starken Emotionen.

Sie sehen, das Annehmen einer Situation beschneidet in keiner Weise die Vielfalt ihrer möglichen Reaktionen. Im Gegenteil: Dadurch, dass Sie sich nicht von Ihren Emotionen steuern lassen, erweitern Sie das Spektrum Ihrer Entscheidungsmöglichkeiten ganz erheblich. Wenn Sie das Handeln dagegen Ihren Emotionen überlassen, dann reagieren Sie wie ein Automat. Jemand drückt bei Ihnen einen bestimmten Knopf, und Sie verhalten sich nach festgelegtem Schema, völlig berechenbar: Knopf – ärgern, Knopf – ärgern, Knopf – ärgern.

FÜHLEN

Annehmen Ihres Lebens heißt in erster Linie, Ihre Gefühle anzunehmen. Denn wenn Sie sich nie schlecht fühlen würden, dann wäre das Leben ja überhaupt kein Problem. Leider ist unsere heutige Gesellschaft fast ausschließlich durch das Denken geprägt, und Gefühlen wird sehr wenig Bedeutung beigemessen, ganz besonders unter Männern. Dabei sind Gefühle der alles entscheidende Faktor in unserem Leben. Ihre Seele erlebt sich selbst nur in den Empfindungen und steuert Sie deshalb immer wieder in Lebenssituationen, in denen es etwas zu fühlen gibt. Wenn Sie Ihr fühlendes Herz verschließen, dann machen Sie den Kanal zu Ihrer Seele dicht. Die ist aber nun einmal der Chef im Haus und heizt den Dampfkessel daher ordentlich an, sozusagen um den Kanal frei zu blasen. So wird der Druck, den Ihr Leben auf Sie ausübt, immer größer, bis Sie entweder anfangen zu fühlen, krank zusammenbrechen oder in Form einer Depression quasi ein stählernes Schott zwischen sich und die erdrückenden Gefühle schieben.

Die einzige Möglichkeit, Ihre Gefühle anzunehmen, besteht darin, sie zu fühlen. Da wir alle so viel Wert auf den Verstand legen, wissen die meisten von uns aber gar nicht mehr, wie das geht. Ich möchte deshalb kurz erklären, was fühlen bedeutet, soweit es mit Worten möglich ist.

Aus didaktischen Gründen ist es an dieser Stelle nützlich, Emotionen von Gefühlen zu unterscheiden.[1] Beide bezeichnen eigentlich den gleichen Inhalt, aber einmal aus der Sicht des Verstandes und einmal aus der Sicht des Fühlens. Eine Emotion ist das, was unser Verstand vom Gefühl wahrnimmt. Der Verstand kann allerdings selbst nicht

---

[1] Es gibt verschiedene Arten, Emotionen und Gefühle zu definieren beziehungsweise zu unterscheiden. Ich persönlich messe den Wert einer Definition in erster Linie daran, ob sie in der Lebenspraxis weiterhilft oder nicht. Darauf sind meine obigen Ausführungen gerichtet. Falls Sie andere Definitionen gewohnt sind, lassen Sie es bitte einfach zu. Letztlich sind alles nur Konzepte unseres Verstandes.

fühlen. Er analysiert das Gefühl mit sachlicher Distanz und klassifiziert es zum Beispiel als Angst, Wut oder Trauer. Er schiebt das Gefühl quasi in eine Schublade und hängt daran ein Namensschild. Für sehr viele Menschen hört an dieser Stelle der Prozess des Fühlens bereits auf. Nach gängiger Vorstellung ist allein die Wahrnehmung »Aha, da ist Angst« schon alles, was Fühlen ausmacht. Aber so ganz alleine gelassen in der Verstandesschublade ist das Gefühl schlecht aufgehoben und versucht deshalb immer wieder, sich bemerkbar zu machen.

Gefühle sind vom Ursprung her Reaktionen unseres Körpers auf bestimmte, oft unbewusste Gedanken. Also zum Beispiel Angst als Reaktion auf das Denken an Bedrohung oder Ärger, wenn Sie fürchten, Sie würden ungerecht behandelt. Der Herzschlag erhöht sich, die Hände werden kalt, Sie spüren, dass sich im Bauch etwas zusammenzieht oder einen glühenden Schmerz in Ihrer Brust. Fühlen heißt daher, den Körper zu spüren. Beim Fühlen gehen Sie mit Ihren inneren Sinnen ganz in den Körper hinein und empfinden bewusst, was in ihm vorgeht. Wichtig ist, dass Sie Ihr Gefühl wirklich zulassen und ihm auch den Raum geben, den es braucht. Erlauben Sie dem Gefühl, groß zu werden! Drücken Sie es bitte nicht die Ecke.

Ihr Atem ist eine wertvolle Hilfe beim Fühlen, denn er verbindet Sie ständig mit dem Inneren Ihres Körpers. Beim bewussten Fühlen atmen Sie immer wieder in das Gefühl hinein, zum Beispiel in den Schmerz oder in die Angst. Sie bleiben innerlich stehen, wo Sie gerade sind, versuchen nicht, vor dem Gefühl durch Ablenkung oder Aktivität zu fliehen und lassen Ihren Atem hineinfließen. Tief einatmen und ausatmen, ein und aus, ein und aus. In Ihrer Vorstellung leiten Sie den Atem langsam fließend dort in Ihren Körper, wo sie das Gefühl empfinden. Sie brauchen es nicht zu verstehen, um es zu fühlen. Sie müssen ihm auch keinen Namen geben. Sie lassen nur Ihren Atem hineinströmen und schenken Ihren Empfindungen den Raum, den sie haben möchten. Achten Sie bitte in nächster Zeit ganz besonders auf den Unterschied zwischen dem Benennen und dem Spüren des Gefühls. Dort liegt Ihr zukünftiger Schlüssel für den Zugang zu Ihrem Herzen.

Grundsätzlich ist nichts daran falsch, den Verstand zu benutzen. Es kann sogar beim Fühlen hilfreich sein, zu fragen: »Wo sitzt das Gefühl genau?« »Wie groß ist es?« »Ist es in der Tiefe oder an der Oberfläche?« »Welche Form hat es?« »Hat es eine Farbe?« Solche Fragen schärfen unsere Wahrnehmung und machen das Gefühl noch stärker bewusst. Aber bitte verwechseln Sie nicht die Antwort auf die Frage mit dem Fühlen selbst.

Es ist auch deshalb wichtig, unsere Gefühle zu beachten, weil sie uns immer sagen, was wir gerade denken. Auch und gerade dann, wenn uns diese Gedanken ansonsten nicht bewusst sind.

> **TIPP: VERLETZBAR WERDEN**
> *Das Herz zu öffnen bedeutet, in diesem Moment Ihre Gefühle anzunehmen und sie zu spüren. Können Sie es zulassen, sich inmitten Ihrer Freunde schlecht zu fühlen? Können Sie es zulassen, vor fremden Menschen zu weinen? Können Sie es zulassen, vor Freude auf einer belebten Straße zu tanzen, ohne Angst, für verrückt gehalten zu werden? Erlauben Sie sich, verletzbar zu sein. Andernfalls kann nichts durch Ihre Rüstung dringen, vor allem nicht die Liebe, die Sie so dringend benötigen.*

Ich habe Ihnen oben zwei Beispiele aus dem Alltag genannt, in denen eine Situation des Lebens nicht angenommen werden will. Die erste Reaktion, die Sie in solchen Situationen in sich spüren, ist ein negatives Gefühl wie Ärger, Unzufriedenheit oder Verzweiflung. Wie gesagt, ist diese unangenehme Empfindung eine Reaktion Ihres Körpers auf das, was Sie insgeheim denken. Wir gehen aber meist davon aus, die anderen seien schuld, dass wir uns derart schlecht fühlen. Diese Ansicht drückt sich dann zum Beispiel in dem Vorwurf aus: »Du regst mich auf!«, in der Vorstellung, dass unser Gegenüber mehr oder weniger absichtlich auf unserem Nervenkostüm herumtrampelt. Genau ge-

Schritt 1: Leben

nommen müssten wir aber sagen: »Ich rege mich auf, weil dein Verhalten, so wie ich es sehe und interpretiere, in mir verurteilende Gedanken hervorruft.« Die Kausalität ist also anders gelagert, als wir das meist annehmen. Bitte verstehen Sie mich richtig. Es geht nicht darum zu bewerten, ob Ihre Emotionen berechtigt sind. Ich weiß, sie sind es, weil die eigenen Emotionen aus unserer Sicht immer begründet sind. Das kenne ich sehr gut aus eigener Erfahrung.

Die Art, wie wir mit unseren negativen Gefühlen umgehen, ist meist von zwei Herangehensweisen geleitet: a) Wir möchten die schlechten Gefühle am liebsten sofort loswerden, und b) wir geben anderen die Schuld dafür. Beides hindert uns daran, zu spüren, was gerade in uns vorgeht.

Wenn Sie Ihre Emotionen so nutzen wollen, wie es für Sie selbst am förderlichsten ist, dann sollten Sie diese Verhaltensmuster in Ihrem Leben aufspüren und hinterfragen. Das heißt, Sie übernehmen erstens die Verantwortung für Ihre Gefühle, weil Ihnen jetzt klar ist, dass sie »nur« Ihre persönlichen Reaktionsmuster auf bestimmte Auslöser in Ihrer Umwelt sind. Zweitens gestatten Sie Ihren Gefühlen, da zu sein. Denn Sie wissen, sie sind Ihre Freunde, weil sie Ihnen etwas zu sagen haben, nämlich darüber, was in den Tiefen Ihrer Seele gerade vor sich geht.

Je mehr Sie sich über andere Menschen ärgern, desto stärker ist das ein Hinweis darauf, dass in Ihnen gerade eine sehr empfindliche Stelle berührt wird, die einfach wehtut. Starke Emotionen haben ihre Wurzeln in alten seelischen Verletzungen, die meist aus der Kindheit stammen. Das bedeutet, dass Sie jedes Mal, wenn Sie sich sehr über Ihr Gegenüber oder eine Situation aufregen, mit Ihren alten Wunden konfrontiert werden.

Vielleicht denken Sie jetzt: »Naja, klingt ja alles schön und gut, aber Sie kennen meine Schwiegermutter nicht. Über die regt sich wirklich jeder auf. Das würde dann doch bedeuten, dass jeder die gleichen Verletzungen hat, oder!?« Lassen Sie mich so antworten: Es gibt selbstverständlich Verhaltensweisen, die (fast) niemand auf der Welt für richtig hält, zum Beispiel ausgesprochen rücksichtsloses oder hartherziges Verhalten. Aber die Gefühle, die in den Menschen dabei hervorgerufen werden, sind ganz unterschiedlich. Der eine wird sehr wütend, der andere traurig, und ein Dritter kann vielleicht sogar mitfühlend aber bestimmt sagen: »Das finde ich nicht richtig!«

Ich möchte ein extremes Beispiel geben. Wenn Leute sehr grausam miteinander umgehen, damit meine ich jetzt nicht unbedingt ihre Schwiegermutter, dann löst das in mir persönlich meist sehr viel Schmerz und Mitgefühl aus, weil ich weiß, dass die Betreffenden in ihrem eigenen Denken gefangen sind. Ich war kürzlich in Vietnam und besuchte dort einige Schauplätze des Vietnamkriegs und auch das zugehörige Museum in Saigon. Es ist unvorstellbar, mit welcher menschenverachtenden Grausamkeit auf beiden Seiten gekämpft wurde. Der Krieg dauerte siebzehn Jahre, und amerikanische Flugzeuge warfen auf Vietnam fünf Mal so viele Bomben ab, wie auf Deutschland während des gesamten Zweiten Weltkriegs fielen. Daneben wurden auch so riesige Mengen des hochgiftigen Entlaubungsmittels Agent Orange über dem Land versprüht, dass man damit die gesamte Bevölkerung Vietnams mehrfach hätte umbringen können.

Als Reaktion darauf vergruben sich die vietnamesischen Verteidiger in Tunneln unter der Erde. Sie bauten mit einfachen Mitteln überall im Dschungel raffinierte Fallen, die den Feind durchbohren, zerfetzen und verstümmeln sollten, zum Beispiel rotierende Messerwalzen und Fallgruben mit Speeren. Ich habe mir die amerikanischen »Jungs« vorgestellt, meist noch halbe Kinder, die glaubten, für Recht und Freiheit ins ferne Asien zu ziehen, aber in Wirklichkeit nur als Kanonenfutter für die Interessen einiger weniger skrupelloser Politiker und Waffenhersteller dienten. Dem gegenüber stand und steht immer noch das unglaubliche Leid der vietnamesischen Bevölkerung; über eine Million Todesopfer und genauso viele Menschen, die mit schweren Verstümmelungen an Körper und Geist leben müssen. Was lösen solche Bilder

Schritt 1: Leben

in Ihnen aus? Wut auf die ungerechten Übergriffe der Amerikaner? Schmerzhafte Erinnerungen an eigene Erlebnisse? Trauer um die Opfer? Zorn auf die korrupten Politiker, die das alles zu verantworten haben? Wie diese Geschichte auf Sie wirkt, hängt stark davon ab, welche Erfahrungen Sie selbst in Ihrem Leben mit Übergriffen, Verletzungen durch andere und ungerechter Behandlung gemacht haben, und welche Einstellung oder Vorurteile Sie vielleicht gegenüber Amerikanern oder Vietnamesen haben.

Grundsätzlich sagen Ihre Emotionen mehr über Sie selbst als über die anderen aus. Vor allem Wut und Hass sind immer Zeichen für Ihre eigenen Verletzungen. Macht es Sie wütend, wenn Mitmenschen egoistisch sind? Macht es Sie wütend, wenn Sie jemand ungerecht behandelt? Macht es Sie wütend, wenn sich jemand gedankenlos, begriffsstutzig oder halsstarrig verhält? Was Sie an anderen aufregt, sind meist Themen, mit denen Sie selbst Probleme haben.

Wenn Sie sich zum Beispiel über den Egoismus der anderen besonders aufregen, kann das daran liegen, dass Sie sich selbst vielleicht über alle Maßen aufopfernd geben. Dabei würden Sie sich insgeheim manchmal auch gerne mehr um sich kümmern, aber das haben Sie schon als Kind verlernt. Vermutlich wuchsen Sie in Familienverhältnissen auf, in denen Sie sich gedrängt fühlten, nur das Wohl und die Harmonie der anderen im Auge zu haben. Sie glaubten damals unbewusst, Sie müssten sich aufopfern, um von Ihren Eltern geliebt zu werden.

Wenn Sie heute einen egoistischen Menschen erleben, dann erinnert Sie das an Ihren eigenen Mangel, denn ein gesundes Maß an Egoismus wäre auch für Sie heilsam. Stattdessen erwarten Sie, dass andere Ihnen die Zuwendung geben, die Sie sich selbst immer verweigert haben. Sie hätten gerne etwas Dankbarkeit für Ihr uneigennütziges Verhalten. Umso ärgerlicher macht Sie, wenn Ihre Umwelt nicht entsprechend reagiert, sondern ihre Mitmenschen Sie sogar ignorieren, und sich stattdessen lieber um die eigenen Belange kümmern. Das ist tatsächlich nicht fair. Aber es ist nicht die Aufgabe der Welt, fair zu

Fühlen

sein, sondern sie hält Ihnen nur einen Spiegel vor und zeigt Ihnen, wo Sie gerade im Leben stehen und was Ihnen noch fehlt. Ihre Gefühle sind der Schlüssel zum Verständnis dieses Zusammenhangs.

Es ist deshalb sehr wichtig, dass Sie Ihren Gefühlen Beachtung schenken. Sie können ihnen auf Dauer nicht ausweichen, denn sie sind die Verbindung zu Ihrer Seele. Die wichtigste Frage in Ihrem Leben lautet daher: »Was fühle ich gerade?« Dabei ist es nicht notwendig, dass Sie Ihre Emotionen immer so rational analysieren wie im obigen Beispiel. Das mag am Anfang hilfreich sein, um das Thema näher einzugrenzen, aber viel wichtiger ist das Hinspüren. Statt auf Ihre Gefühle mit abwehrendem Verhalten zu reagieren, lassen Sie sie zu. Atmen Sie in die Empfindungen hinein. Nehmen Sie Ihren Körper voll und ganz wahr, ohne zu sehr auf die Einflüsterungen Ihres Verstandes zu achten. Sie werden merken, wie sich die Gefühle im Strom Ihres bewussten Atems von selbst auflösen. Die Aufmerksamkeit auf Ihre Empfindungen zieht gleichsam die Energie von allen negativen Gedanken ab, die ja ursächlich für Ihre schmerzhaften Emotionen sind.

Noch ein letzter wichtiger Punkt zum Fühlen. Wie können Sie zwischen Ihrer inneren Stimme und Ihren Gefühlen unterscheiden? Es ist ganz einfach. Achten Sie darauf, ob es sich um eine Reaktion des Körpers handelt. Wenn Sie innerlich vibrieren oder sehr angespannt sind, dann ist es ein Gefühl. Die innere Stimme ist leise und sacht. Sie ist wie ein wortloses Wissen, das Sie plötzlich in sich tragen.

Schritt 1: Leben

NICHT-HANDELN

Die taoistischen Weisen des alten China bezeichneten mit »Wu Wei« eine Lebenseinstellung, die man mit Nicht-Tun oder Nicht-Handeln übersetzen kann. Sie empfahlen den Menschen für ihr Leben »Wei Wu Wei« zu praktizieren, also »Handeln durch Nicht-Handeln«. Das klingt für unsere heutigen Ohren wie ein logischer Widerspruch. Wie soll man handeln, ohne etwas zu tun?

Man kann die scheinbare Unvereinbarkeit jedoch auflösen, wenn man Wu Wei in erster Linie als Geisteshaltung begreift. Wu Wei verschiebt den Fokus von der äußeren Welt auf Ihr Innenleben. Die größten Veränderungen im Leben bewirken Sie nicht durch Ihr Eingreifen im Außen, sondern durch Ihre innere Achtsamkeit und den Wandel Ihrer Denkweise.

An erster Stelle steht auch bei der Praxis von Wu Wei das Annehmen der Situation. Nur durch Annehmen öffnen Sie sich und Ihr Herz dafür, den Moment und alle beteiligten Personen und Dinge so wahrzunehmen, wie sie wirklich sind. Wenn Sie spüren, dass starke Emotionen sie anzutreiben versuchen, seien diese nun negativ oder positiv, dann bleiben Sie bitte innerlich dort stehen, wo Sie sind, und fühlen Sie genau hin. Ich empfehle Ihnen, nie ausschließlich aus Emotionen heraus zu handeln.

Das scheint zum üblichen Verhalten diametral entgegengesetzt zu sein. Wir sind es gewohnt, sofort zu handeln, wenn wir uns schlecht fühlen. Wir beschimpfen andere, gehen aus Frust zum Kühlschrank oder versuchen sofort das Problem anzupacken und im Außen etwas an der Situation zu verändern. Stattdessen können Sie die Gelegenheit in Zukunft besser dafür nutzen, in sich zu gehen, zu atmen und zu fühlen. Das ist der Draht zu Ihrer Seele und die wichtigste Verbindung zu Ihrem Leben. Wenn Sie nicht bei Ihren Empfindungen bleiben, dann verpassen Sie die Chance, Ihre Seele besser kennenzulernen. Handeln Sie erst dann, wenn die Emotionen verraucht sind und Sie wieder Ihre innere Stimme wahrnehmen können. Ist Ihre Gefühlswelt einmal sehr aufgewühlt, dann bedeutet das vielleicht, sich kurz in ein ruhiges Kämmerchen zurückzuziehen. Aber meist reicht es schon, immer mit einem Ohr bei Ihren Empfindungen zu bleiben. Während Sie zum Beispiel mit jemandem sprechen, sind Sie immer auch gleichzeitig mit Ihrer Wahrnehmung im Körper. Wenn sich ein Gefühl regt, atmen Sie hin und spüren Sie es, während Sie unterdessen auch hinhören, was Ihr Gesprächspartner sagt. Dasselbe gilt fürs Autofahren, die Arbeit, den Sport oder sonstige Gelegenheiten, in denen Emotionen aufkommen können, die in der Vergangenheit das Heft des Handelns für Sie übernommen haben.

Die transformierende Kraft von Wu Wei beruht zum großen Teil darauf, dass Sie als Teil der Welt mit allem verbunden sind. Das Tao[2] oder die göttliche Kraft ist der Ursprung aller Dinge. Auch Sie selbst und alle anderen Menschen sind eine Ausdrucksform dieser umfassenden Quelle. Die materielle Welt ist nur ein Abbild beziehungsweise eine Projektion der geistigen Welt. Die Materie spiegelt den Geist im Sinne einer Metapher quasi als eine bildliche Analogie. Sie können sich das so vorstellen, wie die Bilder in Ihren nächtlichen Träumen, die auch als Gleichnis für zugrundeliegende Gedankeninhalte stehen. Wie es schon die indischen Veden vor Tausenden von Jahren beschrieben, ist die Welt ein göttlicher Traum, in dem wir alle sowohl mitspielen als auch das Drehbuch mitgestalten.

Ein schönes Beispiel für die metaphorische Sprache der Materie ist, dass alle Atome, mit Ausnahme von Wasserstoff, in den Sternen unseres Universums gebrannt wurden. Fast jedes Teilchen Ihres Körpers entstand vor über fünf Milliarden Jahren in einer fremden Sonne, die am Ende ihrer Lebenszeit als Supernova explodierte und dadurch ihre

---

[2] Das Tao ist der göttliche Baustoff der Schöpfung, das Gewebe, aus dem alles besteht (wenn Ihnen das zu »unrealistisch« erscheint, dann lesen Sie vielleicht kurz meine Ausführungen zum Thema »Realität« im Kapitel »Loslassen«). Der erste Satz des Johannes-Evangeliums wird übrigens in China sehr treffend mit »Im Anfang war das Tao« übersetzt.

Bestandteile ins Universum verstreute. Wir selbst und alles, was uns umgibt, bestehen aus diesem Sternenstaub, der sich in unseren Körpern zu einer neuen Form verdichtet hat. Wir sind alle im wahrsten Wortsinn Kinder des Lichts. Die ehemaligen Sterne leben in uns weiter und erfahren durch uns ein neues Bewusstsein. Die Materie illustriert auf diese Weise gleichnishaft unsere geistige Herkunft. Wir sind in unserem seelischen Kern geistige Lichtwesen und bestehen alle aus dem gleichen Baustoff, dem Tao. Jeder Einzelne ist eine Spielart der göttlichen Kraft, die sich durch ihn und in ihm ganz individuell und einzigartig zum Ausdruck bringt.

Die Vorstellung, dass wir die Dinge nur durch äußeres Handeln verändern können, ist aus diesem Blickwinkel sehr beschränkt. Die Welt besteht in ihrem Innersten nicht aus Bauklötzchen, sondern aus einem unendlichen energetischen Gewebe. Und wenn wir ein Teil von allem sind, quasi ein Faden im göttlichen Gewand, dann schaut das All durch unsere Augen auf die Welt. Unser Bewusstsein ist ein Teil des großen umfassenden Bewusstseins. Was wir sehen, sieht auch Gott. Was wir fühlen, das fühlt auch Gott. Das Göttliche lebt und leidet mit jedem von uns. Das meinte Jesus, als er zu den Menschen sagte: »Ihr seid alle Götter.«

Das ist aber kein Grund zur Überheblichkeit. Unser Verhältnis zur göttlichen Kraft ist wie das eines Tropfens zum Meer. Der Tropfen ist zwar auch ein kleines Universum für sich, denn er birgt schon eine Vielzahl kleinster Lebewesen und besteht aus den gleichen Grundstoffen wie das Meer. Trotzdem ist er nur ein unendlich winziger Bestandteil des großen Ganzen und würde für sich alleine genommen sofort in der Sonne verdunsten.

Was hat das alles mit Nicht-Handeln zu tun? Weil wir mit allem verbunden sind, blickt die Welt durch unsere Augen auf sich selbst und spürt sich durch unsere Sinne. Dadurch können wir schon durch bewusstes Wahrnehmen und durch unsere innere Öffnung die Welt heilen und verändern. Die Seele ist unser göttlicher Kern, mit dem wir über unsere Empfindungen in Verbindung stehen. Deshalb sind unsere Gefühle auch so wichtig dafür, welche Art von Welt wir um uns herum erschaffen. Umgekehrt können wir die Antworten der Welt intuitiv in uns spüren und dadurch erkennen, welche Handlungen zur Heilung der Situation beitragen. Somit schließt Nicht-Handeln durchaus unser aktives Agieren mit ein. Aber es ist kein Strampeln oder Schwimmen gegen den Strom, sondern ein Einfühlen in die Situation, das Hören auf unsere innere Stimme und das Handeln nach dem, was wir in uns wahrnehmen, zum Wohl aller Beteiligten.

> **TIPP: GEFÜHLE BRAUCHEN RAUM**
> *Ihre Gefühle sitzen im Körper. Ihr Verstand benennt sie als Angst, Wut oder Enttäuschung, aber damit haben Sie sie noch lange nicht gefühlt. Fühlen heißt, die Empfindungen im Körper mit Ihren inneren Sinnen bewusst zu spüren. Akzeptieren Sie den Druck in Bauch oder das heiße Brennen in der Brust, und nehmen Sie es wirklich wahr. Geben Sie dem Gefühl so viel Raum, wie es haben möchte. Lassen Sie zu, dass es sich ausbreitet. Stellen Sie sich vor, wie Ihr Atem mit jedem Atemzug zu den Körperstellen fließt, wo das Gefühl sitzt. Leiten Sie Ihren Atem immer wieder hinein und spüren Sie, wie es mit der Zeit leichter und leichter wird, und sich schließlich immer mehr auflöst.*

Wu Wei umfasst auch das Wissen, dass sich Zeiten des Wartens und Zeiten des Tuns abwechseln. Wie die Jahreszeiten das Wachstum und die Ruhephasen der Pflanzen bestimmen, so hat auch unser Leben Zeiten der Saat, des Wachstums und der Ernte. Wir können nichts erzwingen sondern sollten stattdessen spielerisch den Gezeiten des Lebens folgen, analog einem Surfer auf der Brandung.

NICHT-URTEILEN

Annehmen und Wahrnehmen des Lebens im Sinne von Wu Wei heißt vor allem auch, möglichst selten über jemanden oder etwas zu urteilen. Nur wenn wir ohne Urteil auf Personen und Dinge sehen können, sehen wir das, was wirklich ist. In dem Moment, da wir ein Urteil fällen, also denken, jemand sei dick oder dünn, hässlich oder schön, schlecht oder gut, in diesem Moment nehmen wir vor allem das Urteil wahr. Das Urteil verstellt den Blick auf die Wahrheit und wird so zu unserer persönlichen Realität.

Wir leben in einer durch den Verstand geprägten Welt, in der Wahrnehmen und Urteilen meist gleichgesetzt werden. Ihr Verstand kann nämlich gar nicht wahrnehmen, ohne zu urteilen. Darüber sollten Sie sich klar werden. Setzen Sie sich an einen Ort, an dem viele Menschen ein und ausgehen, also zum Beispiel in den Bahnhof oder in ein Straßencafé, und beobachten Sie Ihre Umgebung. Achten Sie darauf, welche Gedanken in Ihnen entstehen, wenn eine Person in Ihr Blickfeld gerät. Welche Urteile werden schon im Augenblick des Betrachtens gefällt? Üben Sie, auf die Wahrnehmung hinter den beurteilenden Gedanken zu achten. Die Gedanken plappern im Vordergrund, aber dahinter ist noch eine andere Wahrnehmungsebene, das einfache Schauen, Hören, Spüren, Schmecken und Riechen. Lassen Sie das Gedankengeplapper einfach los und schenken ihm ab heute weniger Beachtung. Versuchen Sie nicht, es zu unterdrücken. Das funktioniert nicht. Aber die fehlende Beachtung lässt es mit der Zeit von alleine immer weniger werden. Das ist eine Art von Meditation, die Sie täglich in Ihren Alltag einbauen können.

Je mehr wir unsere Aufmerksamkeit auf die Ebene der reinen Wahrnehmung lenken, die unter der Schicht von urteilenden Gedanken liegt, umso mehr öffnet sich unser Herz. Unsere Urteile verschließen uns, haben etwas Trennendes. Selbst wenn wir über eine Person ein positives Urteil fällen, schieben wir sie in eine Schublade, wir reduzieren sie auf einen Begriff. Ähnlich wie einen toten Schmetterling, den man konserviert und mit der Nadel aufspießt, um ihn einer Sammlung einzuverleiben. Wie viel bezaubernder ist ein lebender Schmetterling, der um unsere Nase tanzt und voller Lebensfreude im Sonnenlicht von Blume zu Blume torkelt.

Mit jedem Urteil, das wir über einen Menschen fällen, erheben wir uns über den anderen. Wenn wir einen Mitmenschen als schlecht beurteilen, dann sagen wir damit gleichzeitig, dass wir besser sind als er oder sie. Wir erhöhen uns zur moralischen Instanz über den Nächsten. Dieser Hochmut entfernt uns von der Liebe zu den Menschen und gilt nicht umsonst als die erste der sieben »Todsünden« im katholischen Glauben.

> **TIPP: MIT DEM LEBEN FLIEßEN**
> *Annehmen, stehen bleiben und spüren, anstatt sich ins Handeln zu flüchten. Achtsam und mit offenem Herzen wahrnehmen, was hinter und unter den urteilenden Gedanken Ihres Verstandes geschieht. Auf die leise innere Stimme achten, im Einklang mit dem Fluss des Lebens handeln und ihm ohne Widerstand folgen. Wie ein Delfin, der mühelos durch das Wasser gleitet und voller Lebenslust über die Wellen springt.*

Überheblichkeit kann auch im Gewand der scheinbaren Weisheit erscheinen, wenn wir uns selbst für besonders weise und spirituell halten und die anderen Menschen mitleidsvoll als »noch nicht so weit« bewerten. Wir maßen uns dann an, das Leben eines anderen Menschen einzuschätzen, und ihm beispielsweise eine beschränkte und weniger entwickelte Sicht zu unterstellen. Selbst wenn wir den anderen als gut bewerten, bringen wir damit immer noch indirekt zum Ausdruck, dass wir auf einer höheren Ebene stehen, die uns dazu ermächtigt, ein solches Urteil zu fällen.

Schritt 1: Leben

Übrigens, Annehmen und Nicht-Urteilen funktionieren auf jeder Ebene. Wenn Sie später beim Üben merken sollten, dass es Ihnen einmal schwerfällt, nicht zu urteilen oder Ihre Gefühle zu spüren, dann können Sie genau diesen Umstand wahrnehmen, annehmen und nicht darüber urteilen. Die schwersten Urteile fällen wir ohnehin immer über uns selbst. Gerade unsere eigenen Schwächen sollten wir liebend annehmen und ohne Selbstverurteilung betrachten. Es geht wirklich in erster Linie darum, die Dinge bewusst zu machen. Es ist wie bei Wunden. Wenn Luft und Licht herankommen, dann können sie heilen. Bleiben Sie immer spielerisch. Wenn etwas nicht klappt, dann sehen Sie sich das liebevoll und bewusst an, und wenn auch dieser Schritt nicht funktioniert, dann gehen Sie damit genauso annehmend und liebevoll um. Es ist alles wirklich viel einfacher, als es für Sie jetzt vielleicht den Anschein hat. Annehmen – Nicht-Urteilen – Herz öffnen, und sie werden spüren, wie Ihnen die scheinbare Last des Lebens von den Schultern genommen wird.

VERTRAUEN

Vertrauen in Ihr Leben macht es Ihnen leichter, die Umstände anzunehmen und in die Leichtigkeit des Nicht-Handelns einzutreten. Wenn Sie kein Vertrauen haben, dass alles so ist, wie es sein soll, und dass Ihr Leben es grundsätzlich gut mit Ihnen meint, dann ist es viel schwerer, den Dingen ihren Lauf zu lassen, und sich dabei gut zu fühlen. Leider kann man Vertrauen nicht einfach so beschließen oder gar erzwingen. Vertrauen entsteht dadurch, dass Sie den Weg gehen und mit der Zeit merken, wie sich die Dinge zum Positiven verändern.

Der mögliche Umfang und die Tiefe Ihres Vertrauens hängen insbesondere von Ihrer persönlichen Lebensphilosophie ab. Mit Lebensphilosophie meine ich das, was Sie persönlich über das Leben und Ihre eigene Existenz glauben, und was Sie vom Leben erwarten. Ihr Glauben und Ihre Vorstellungen haben erheblichen Einfluss darauf, was Ihnen im Leben widerfährt, und wie Sie Ihre Erlebnisse empfinden und interpretieren. Es ist unmöglich, keine Lebensphilosophie zu besitzen. Selbst Einstellungen wie »Ist mir doch egal.« oder »Ich glaube an gar nichts.« sind Ausdruck von ganz bestimmten Überzeugungen und haben Auswirkungen auf Ihr Leben.

Es liegt mir fern, ein Urteil über Ihre Einstellungen und die anderer Menschen zu fällen. Es gibt auch keine richtigen oder falschen Überzeugungen. Ihre Vorstellungen können aber in unterschiedlichem Grad förderlich oder hinderlich für Ihre persönliche Entfaltung und Lebensgestaltung sein. Förderlich sind sie dann, wenn sie Ihnen Verantwortung, Kraft und Freiheit für Ihr Leben einräumen. Hinderliche Vorstellungen machen Sie zum Opfer der Umstände oder höherer Mächte und beschränken Kraft und Freiheit, sodass Sie nicht so entscheiden oder handeln können, wie es Ihren wahren Bedürfnissen entspricht.

Die Größe des geistigen Raumes, in dem Ihr Vertrauen wachsen kann, hängt davon ab, inwieweit Sie sich als Schöpfer oder Opfer der Umstände sehen. Aus der Sicht des Schöpfers erleben Sie, wie Sie persönlich Ihr Leben gestalten, und dass sowohl positive als auch negative Erlebnisse von Ihnen selbst hervorgerufen wurden. Als Opfer nehmen Sie wahr, dass Sie schwach sind, Ihre Absichten keine Bedeutung haben und dass andere über Ihr Leben bestimmen.

Möglicherweise ist Ihr Zutrauen in die eigene Schöpferkraft jetzt am Anfang nur ein zartes Pflänzchen. Immer wenn Sie zukünftig erfahren, dass Sie aus eigener Kraft etwas geschaffen haben und das Leben Sie bei Ihren Vorhaben unterstützt, dann nährt dies Ihr Vertrauen wie Licht und Wasser. Wenn die Art Ihrer eigenen Lebensphilosophie aber diesem Wachstum nicht genügend Raum und fruchtbare Erde bietet, kann der Keim nie zu einem kräftigen Baum werden, der auch einmal einen Sturm oder Trockenzeiten überstehen kann.

Ich hatte das Glück und empfinde es wirklich als eine Gnade, im Verlauf meines Lebens sehr tief in das Buch des Lebens blicken zu dürfen. Ich durfte quasi hinter den Schleier unserer scheinbaren Realität spähen. Aus dieser Erfahrung kann ich Ihnen versichern, dass jeder von uns im innersten Kern ein unsterbliches geistiges Wesen ist, das hier auf der Erde in die Materie schlüpfte, um sich selbst und seine Schöpferkraft unter verlangsamten und erschwerten Bedingungen zu erfahren. Ich war früher der Meinung, dass die Erde eine Art Kindergarten für junge Seelen sei, aber dessen bin ich mir heute nicht mehr so sicher. Sie könnte auch eine Form von Besserungsanstalt für schwer erziehbare Jugendliche sein, und ich befürchte, dass dies der Grund dafür ist, dass die meisten von uns mehrfach wiederkommen.

Auf jeden Fall ist die Erde für uns wie ein Trainingsraum, in dem wir unsere Handlungen in riesigen Spiegeln kontrollieren können. Sie kennen das vielleicht von Boxern oder Balletttänzern, die auch vor Spiegeln üben. Indem wir uns darin selbst beobachten, sehen wir, wie geschmeidig und harmonisch die Abläufe unserer Handlungen sind. Wir lernen auf diese Weise unsere Absicht und Energie richtig einzusetzen, zu koordinieren und zu lenken. Als Spiegel fungiert unser Leben, all das was uns passiert, was wir erleben, wem wir begegnen und vor allem die Gefühle, die daraus entstehen.

> **TIPP: IHRER SEELE VERTRAUEN**
>
> Ihre Seele ist Ihre wahre geistige Identität. Sie finden sie als das reine und klare Bewusstsein hinter Ihrem Verstand und Ihren Gedanken. Sie ist zwar nur eine kleine Facette, aber als solche mit dem göttlichen Bewusstsein identisch. Die Seele ist der Tropfen aus dem unendlichen Meer Gottes. Sie ist der ewige, unsterbliche Teil Ihrer Persönlichkeit, der alles überdauert. Auf der Erde erlebt sich Ihre Seele vor allem im Spiegel der anderen Seelen. Sie will sich hier trotz der widrigen Umstände als liebendes und geliebtes Wesen erfahren. Das ist die Herausforderung, der Sie sich gestellt haben, und dieser Wunsch Ihrer Seele ist der eigentliche Grund, weshalb Sie hier sind. Vertrauen Sie Ihrer Seele, dass sie den Weg kennt, und lassen Sie den Glauben los, es besser zu wissen.

Vielleicht haben Sie schon vom Resonanzprinzip gehört. Einfach ausgedrückt bedeutet es, dass ähnliche Schwingungsmuster sich verstärken beziehungsweise einander anziehen. Darauf beruht zum Beispiel das Phänomen, dass Sie am Radio einen bestimmten Sender wählen können, obwohl ja alle Radiowellen gleichzeitig im Raum sind. Insofern ist jeder von uns wie ein Radio, an dem eine bestimmte Frequenz eingestellt ist. Was wir empfangen, ist unser Leben. Wenn wir ein anders Leben empfangen wollen, dann müssen wir unsere Einstellung ändern. Das betrifft in erster Linie, was wir denken und fühlen. Veränderungen entstehen daher durch achtsames Wahrnehmen und Fühlen, was in uns geschieht, und indem wir erkennen, inwiefern unser Inneres mit dem äußeren Leben verbunden ist.

Wenn Sie daran gehen, Ihre persönliche Einstellung für Veränderungen zu öffnen, dann sollten Sie sich auf ein typisches Hindernis in Ihrem

Schritt 1: Leben

Umfeld gefasst machen. Das ist die Art von kollektivem Radioprogramm, die Sie umgibt. Die meisten Ihrer Mitmenschen haben für den Empfang ihres Lebens eine gemeinsame Lieblingsstation eingestellt. Alle hören mit Vorliebe das gleiche Programm von Radio »Streng-dich-an«. Einen Großteil Ihrer eigenen Einstellungen haben Sie auf diese Weise aus Ihrem Umfeld übernommen und teilen sie deshalb mit Ihren Zeitgenossen. Darin besteht das Karma eines Volkes oder ganzer Kontinente. Meist denken wir, das Leben müsse deshalb genau so sein, und es gäbe keine Alternative. Zu diesen kollektiven Glaubenssätzen zählt beispielsweise, dass alle wichtigen und wünschenswerten Dinge begrenzt seien, dass man im Leben um seinen Anteil daran kämpfen müsse, und dass andere Menschen dabei in Konkurrenz zu uns stünden.

Viele heutige Probleme der Menschheit beruhen auf diesen engstirnigen Vorstellungen. Andere kollektive Programme entstanden durch dogmatische Bilder von Gott und unserer Beziehung zu ihm. Wir hören dann gewissermaßen Radio Vatikan. Die Annahme eines strafenden oder verurteilenden Gottes, der Opfer, Leiden oder unbedingte Folgsamkeit von seinen Schafen fordert, beschränkt die Verantwortung, die Sie selbst für Ihr Leben übernehmen können. Ich möchte niemandem zu nahe treten und die Gefühle bezüglich seines Glaubens verletzen. Jeder Mensch hat das Recht, an seinem persönlichen Glaubenssystem festzuhalten. Die Frage ist nur, ob er damit befreit und glücklich leben kann.

Ich bin selbst von der Existenz Gottes vollkommen überzeugt, da ich ihn sozusagen persönlich kennenlernen durfte. Allerdings fehlt bei meiner Gottesvorstellung jeder Aspekt von Sünde und Strafe. Gott ist eine allumfassende Kraft, deren Größe alle Vorstellungen übersteigt, die wir uns überhaupt machen können. Unser gesamtes Universum ist weniger als ein Krümel unter seinem Fußnagel – natürlich nur bildlich gesprochen; ich glaube nicht, dass Gott in seiner geistig-energetischen Form Fußnägel besitzt. Und Gott ist Liebe von solcher Intensität, dass wir darin wie Butter schmelzen würden, wenn uns diese Energie ohne jeglichen Schutz berührte. Gott ist auch mit der Sonne vergleichbar: Er schenkt uns sein Licht, und wenn unser Leben dunkel ist, dann haben wir uns bewusst oder unbewusst in den Schatten gestellt. Jeder von uns ist ein unsterblicher Teil dieser unglaublichen Kraft, in deren Tiefe wir mit allem anderen verbunden sind.

Vertrauen Sie darauf, dass sich Ihr Leben zum Positiven entwickeln wird, wenn Sie zulassen, dass sich Ihre von der Umwelt geprägten, einschränkenden Vorstellungen ändern dürfen. Aber auch das lässt sich nicht erzwingen. Gehen Sie behutsam mit sich selbst um und bedenken Sie, dass alles was geschieht, zu Ihrem Besten ist, auch wenn es sich vielleicht im Moment nicht so anfühlt. Bitten Sie Gott und Ihre geistigen Helfer um die Stärkung Ihres Vertrauens und um Führung auf Ihrem Weg. Fragen Sie sich selbst immer wieder, mit welchen Annahmen und Glaubenssätzen Sie an das Leben herantreten. Vielleicht liegt vieles davon heute noch außerhalb Ihrer Wahrnehmung, aber haben Sie Vertrauen, dass Sie Ihre unbewussten Vorstellungen immer daran erkennen können, was Ihnen im Leben begegnet. Ihr Leben ist der Spiegel dafür. Betrachten Sie insbesondere Ihre Urteile über andere Menschen. Jede Bewertung anderer verrät Ihre eigenen Überzeugungen. Und behalten Sie bei allem Ihre Gefühle im Auge, um die Verbindung zu Ihrer Seele und Ihren unbewussten Gedanken zu bewahren.

Schritt 1: Leben

Der Schatten

Ihr Schatten besteht aus Persönlichkeitsanteilen von Ihnen, die Sie selbst nicht wahrnehmen können oder nicht wahrnehmen wollen. Er ist Ihre ungeliebte dunkle Schwester beziehungsweise Ihr dunkler Bruder, den Sie irgendwann während Ihrer Kindheit in die seelische Verbannung geschickt haben. Es handelt sich meist um Anteile, die aggressiv, selbstsüchtig oder kaltherzig sind und deshalb von Ihrer Umgebung nicht toleriert wurden. Diese Anteile sind aber nicht tot, sondern leben im Verborgenen weiter.

Der Schatten macht sich in Ihnen durch Gefühle oder Handlungen bemerkbar, die meist entstehen, ohne dass Ihnen klar ist, weshalb Sie plötzlich so aggressiv oder hartherzig reagieren. Vielleicht denken Sie manchmal, dass Sie nicht Ihr eigener Herr waren, und damit haben Sie im Prinzip sogar Recht. Je tiefer der Schatten in Ihnen verdrängt wurde, desto unberechenbarer und massiver können die Einbrüche seines Verhaltens ausfallen. Wenn man den Schatten und seine Auswirkungen nicht kennt, dann wundert man sich, wie scheinbar »normale« Menschen sich so grausam verhalten können, wenn sie dazu Gelegenheit bekommen. Denken Sie an die brutalen Übergriffe durch Aufseher in Gefangenenlagern oder durch Soldaten gegenüber der Zivilbevölkerung eines besetzten Landes. Dabei sind nicht nur Männer, sondern auch Frauen beteiligt, wenn sie dazu Gelegenheit erhalten. Die liebe Tante oder der treusorgende Papa werden plötzlich zu Monstern. Tatsächlich übernimmt in diesen Fällen der Schatten die Kontrolle. Die einzige für alle Menschen gesunde Möglichkeit, mit dem eigenen Schatten umzugehen, ist ihn in die Persönlichkeit zu integrieren. Das geschieht in erster Linie dadurch, dass Sie die Gefühle von Aggression, Neid, Missgunst und Hass zulassen und bewusst in sich spüren, was Sie dabei empfinden. Bleiben Sie innerlich stehen. Handeln sich nicht aus diesem Gefühl heraus, sondern atmen Sie nur hinein und nehmen Sie es wahr.

Der Schatten

Es nützt nichts zu sagen: »Das bin ich nicht. Ich bin kein selbstsüchtiger Mensch!« Jeder von uns trägt diese Anteile in sich. Die Frage ist nur, wie wir mit den Gefühlen umgehen, die daraus entstehen. Im besten Fall nehmen wir sie nur wahr oder setzen sie wertschätzend und gezielt zum Wohl aller Beteiligten ein. Zum Beispiel steht Ihnen Ihre Aggression zur Verfügung, wenn Sie respektvoll aber bestimmt Grenzen setzen möchten. Sie können auch die Kraft Ihrer Selbstsucht dafür verwenden, sich ohne Gewissensbisse etwas Gutes zu tun. In Wirklichkeit brauchen wir unsere dunklen Geschwister sogar dringend, da sie wertvolle Kräfte darstellen, ohne die wir uns kaum gegenüber der dunklen Energie anderer Wesen abgrenzen könnten.

Sie haben vor allem gar keine Wahl, ob Sie Ihren dunklen Anteil akzeptieren wollen oder nicht. Ihre Wahl besteht nur darin, den Schatten bewusst oder unbewusst agieren zu lassen. Je tiefer der Schatten in der Unterwelt verschwindet, umso stärker ist sein Druck, an die Oberfläche zu kommen; umso gewaltiger werden die Ausbrüche. Wie bei einem alten Vulkan, der nach Jahrhunderten des Wartens durch den aufgestauten Druck seines heißen Magmas die Erdkruste explodieren lässt. Ein wichtiges Lebensziel ist, dass Sie wieder ganz werden! Ihre hellen und Ihre dunklen Anteile sind Bruchstücke eines Ganzen. Wie Yin und Yang gehören sie zusammen. Nehmen Sie Ihre dunklen Seiten liebevoll an, ohne Ihnen das Zepter zu überreichen. Erst wenn beide, Hell und Dunkel, unter Ihrer Obhut sind, können Sie sich frei für das eine oder das andere entscheiden.

FREIHEIT

Fast jeder Mensch betrachtet Freiheit als einen unverzichtbaren Grundwert. Die persönliche Freiheit ist in den Verfassungen der Demokratien verankert und wird in den Hymnen der Nationen besungen. Aber was ist Freiheit überhaupt?

Es gibt im Prinzip zwei Arten von Freiheit. Die Freiheit *von* etwas und die Freiheit *zu* etwas. Von äußeren Umständen können Sie sich nie ganz befreien. Sie wurden in eine bestimmte Familie, in eine Nachbarschaft, in ein Land und eine Kultur geboren, die viele Möglichkeiten Ihres Lebens vorbestimmen und damit einschränken. Ihre körperliche und geistige Ausstattung haben Sie auch nicht selbst gewählt. Sie müssen sich mit den Bedingungen arrangieren, die Sie im Leben vorfinden. Ihre Freiheit besteht im Kern darin, in die vorhandenen Lebensverhältnisse Ihre Wünsche und Bedürfnisse einzubringen. Im Idealfall gestalten und erleben Sie die Möglichkeiten Ihres Alltags so, wie es Ihren inneren Werten entspricht. Das wird Sie vermutlich an das erinnern, was ich anfangs über den Sinn Ihres Lebens geschrieben habe.

Freiheit ist also genau genommen der Sinn Ihres Lebens. Es geht aber um die Freiheit Ihrer Seele, denn Ihre wirklichen Bedürfnisse liegen dort verborgen. Nur Ihre Seele weiß, was Sie eigentlich wollen, und wofür Sie hier sind. Wie können Sie aber erfahren, was Ihre Seele will? Die Seele spricht zu Ihnen über die Gefühle und die innere Stimme. Ihre Freiheit und der Sinn Ihres Lebens bestehen also vor allem darin, sich in jedem Moment selbst zu spüren, sich ganz dem Leben hinzugeben und Ihrer inneren Stimme zu folgen. Die Seele geht immer vorwärts und will Neues entdecken. Aber der Mensch hat Angst vor Veränderung und will lieber bleiben, wo er sich sicher fühlt. Wenn Sie lernen, die Angst vor Veränderung als Ihren Freund zu sehen, der Ihnen den Freiheitsdrang und die Marschrichtung Ihrer Seele vor Augen führt, dann öffnet sich ein neues Tor in die Freiheit für Sie.

ZUSAMMENFASSUNG

- Sie können Ihr Leben nur dann leben und ihm Sinn verleihen, wenn Sie es annehmen.
- Annehmen bedeutet, zumindest für den Moment zu akzeptieren, dass die Dinge so sind, wie sie sind. Dazu gehören vor allem Ihre Gefühle.
- Gefühle anzunehmen heißt, sie zu fühlen.
- Die wichtigste Frage in Ihrem Leben lautet: »Was fühle ich gerade?«
- Statt negative Gefühle beiseitezuschieben oder anderen die Schuld zu geben, übernehmen Sie selbst für Ihre Gefühle die Verantwortung.
- Durch Bewusstsein entsteht Heilung. Lassen Sie sich nicht durch Ihre Emotionen in kopfloses Handeln ziehen. Betrachten Sie die Dinge mit Abstand und wählen Sie bewusst aus allen Möglichkeiten.
- Bedenken Sie das Konzept des Wu Wei, des Nicht-Handelns. Sie sind Teil von allem und schon alleine durch Ihr urteilsfreies Schauen können sich die Dinge von innen heraus verändern.
- Schwimmen Sie nicht gegen den Strom und vertrauen Sie auf Ihre Intuition.
- Untersuchen Sie, ob Ihre Lebensphilosophie förderlich für Sie ist. Inwieweit sehen Sie sich als Opfer oder als Schöpfer Ihrer Umstände?
- Das Leben ist Ihr Spiegel. Sie empfangen Ihr Leben wie ein Radioprogramm und Ihre Emotionen stellen den Sender ein.
- Wenn Sie Ihr Leben ablehnen, dann lehnen Sie sich selbst und Ihre Verantwortung ab. Dann lehnen Sie ab, was Sie selbst geschaffen haben und beschränken Ihre Kraft und Ihre Möglichkeiten.

- Erst durch liebevolles Annehmen Ihres dunklen Bruders oder Ihrer dunklen Schwester werden Sie vollständig.
- Wahre Freiheit ist die Freiheit Ihrer Seele, und nur durch Fühlen und Spüren können Sie dieser Freiheit folgen.

Schritt 2: Lieben

»Liebe ist keine Verpflichtung
und keine Frage der Sympathie,
sondern nur eine Offenheit des Herzens.«

Was ist Liebe?

Das Wort »Liebe« ist in unserer Sprache ein dehnbarer Begriff und wird deshalb sehr vieldeutig verwendet. Neben den Menschen, die uns nahe stehen, kann man auch seinen Hund, den Garten, das Auto oder den Sport lieben. Ja sogar Fastfood ist vor der Liebe nicht sicher, wie der Werbeslogan einer bekannten Hamburger-Kette behauptet (»Ich liebe es.«). Liebe kann auch bedeuten, dass wir jemanden sexuell begehren (»Ich liebe deinen Körper.«). Oft sprechen Menschen von Liebe, wenn sie glauben, ohne den Partner nicht mehr leben zu können, also Liebe sagen, aber Abhängigkeit meinen (»Ich liebe dich so sehr, dass ich sterben würde, wenn du mich verlässt.«). Liebe wird gerne als Tauschobjekt verwendet (»Ich liebe dich nur, wenn du mich auch liebst.« oder »Wenn du nicht brav bist, dann hab' ich dich nicht mehr lieb.«). In unserer Vorstellung ist Liebe etwas Vergängliches. Man verwechselt Liebe mit verliebt sein, einem kurzzeitigen Hochgefühl. Für die meisten Menschen ist Liebe auch zwingend mit Sympathie verbunden. Liebenswert ist nur jemand, der auch sympathisch oder nett ist, und das kann sich bekanntlich ändern. Außerdem wird Liebe mit Schwäche oder Weichheit assoziiert. Welcher wahre Mann würde von sich schon gerne hören, dass er ein »lieber Kerl« sei.

Das alles hat wenig mit der Liebe zu tun, um die es mir hier in diesem Kapitel geht. Die Liebe, wie ich sie meine, ist gleichzeitig zart wie eine Blüte und auch die stärkste geistige Kraft im Universum. Sie ist am

Schritt 2: Lieben

ehesten vergleichbar mit der Liebe einer Mutter zu ihrem Kind. Es ist eine Liebe frei von Erwartungen und ohne Schwankungen. Sie ist weder abhängig von Sympathie noch von Gegenleistungen. Sie kann sogar hart und unerbittlich Widerstand leisten, wenn es zum Wohl des Nächsten ist. Diese Liebe versucht nie, es jemandem Recht zu machen und geht keine Kompromisse ein, auch nicht, um dem Gegenüber zu gefallen. Sie kann deshalb auch klare Grenzen setzen und in die Schranken weisen. Vor allem erzeugt und erlebt diese Liebe keine Abhängigkeit. Die Freiheit und das Wohl des Nächsten stehen an erster Stelle. Diese Liebe kennt weder Eifersucht noch Neid. Sie ist gleichzeitig völlig selbstlos und unerhört egoistisch, denn die gleiche Liebe empfindet auch jedes Wesen in der Tiefe für sich selbst. Insofern gibt es kein Gefälle, hier der Liebende und dort das geliebte Objekt, sondern alle sind gleichermaßen in diese Liebe eingebettet.

Vielleicht denken Sie jetzt, diese Art von Liebe sei übermenschlich oder utopisch. Aber das ist sie überhaupt nicht. Der Trugschluss der meisten Menschen ist, dass sie glauben, sie müssten einen Menschen mögen, um ihn lieben zu können. Wenn es so wäre, dann läge es tatsächlich jenseits des Menschenmöglichen. Es stimmt schon, dass es uns scheinbar leichter fällt, jemanden zu lieben, der uns sympathisch ist. Aber das ist im Allgemeinen eine Liebe nach herkömmlichen Maßstäben, die schmeichlerisch und bevorzugend ist. Zum Beispiel neigen wir dann dazu, sympathischen Menschen bei negativen Dingen nicht die Wahrheit zu sagen. Dabei ist die Wahrheit mit der Liebe untrennbar verknüpft. Liebe bedeutet nämlich auch, den anderen nie darüber zu täuschen, was wir wirklich denken und fühlen. Denn nur so ermöglichen wir ihm oder ihr, frei zu entscheiden. Lügen oder das Verheimlichen von Information ist immer manipulativ und das widerspricht der Liebe. Wir glauben, zu wissen, was wir unseren Mitmenschen zumuten können, oder nicht, aber da täuschen wir uns. Das kann jeder nur für sich selbst entscheiden.

Wie können Sie Ihr Herz für eine vorurteilsfreie und bedingungslose Liebe öffnen? Es ist nicht so schwer, wenn Sie sich einmal dazu entschlossen haben, dass Sie es wirklich wollen. Es beginnt nur damit, dass Sie Ihr Herz öffnen. Das bedeutet, Sie lassen es zu, Menschen und Dinge so zu akzeptieren und zu fühlen, wie sie sind. Das ist alles. Mehr ist im ersten Schritt nicht notwendig. Sie öffnen nur die innere Tür, und die Liebe wird von selbst in Ihr Leben eintreten. Liebe bedeutet zunächst nur bedingungsloses Annehmen und Fühlen. Vor der Liebe ist alles und jeder gleich. Sie brauchen dafür weder Sympathie zu empfinden, noch müssen Sie den anderen mögen.

> **TIPP: HERZ ÖFFNEN**
> Liebe bedeutet in erster Linie, dass Sie Menschen und Dinge so sein lassen können, wie sie sind. Liebe heißt auch, sich dafür zu entscheiden, Ihren Mitmenschen immer das Beste zu wünschen, besonders dann, wenn sie Ihnen gegen den Strich gehen. Genau genommen bedeutet Liebe nichts anderes, als Ihr Herz für jeden und alles zu öffnen, ohne Urteil und ohne Vorbehalte.

Es gibt drei aufeinander aufbauende Schritte, wie Sie sich im Alltag dieser urteilsfreien Liebe leichter nähern können:

- Respektieren,
- Wertschätzen und
- Segnen.

Bevor ich darauf im Einzelnen eingehe, möchte ich das Thema Liebe erst noch in den größeren Zusammenhang stellen.

Schritt 2: Lieben

WARUM LIEBEN?

Sie fragen sich vielleicht, weshalb Sie sich mit der Liebe zu Menschen beschäftigen sollten, die sie scheinbar gar nichts angehen. Oder weshalb Sie sogar Ihren garstigen Nachbarn lieben sollten, obwohl der Ihnen letztes Jahr vielleicht heimlich die Hecke gekappt oder Ihre Katze kürzlich mit dem Gartenschlauch bespritzt hat.

Im letzten Kapitel haben Sie erfahren, dass es am förderlichsten für Sie ist, Ihr Leben anzunehmen, und dass Sie selbst für alles verantwortlich sind, was darin geschieht. Ja, dass Sie durch die Ereignisse in Ihrem Leben sogar gespiegelt bekommen, wo Sie selbst gerade stehen. Wenn Sie diesen Gedankengang konsequent zu Ende denken, dann finden Sie in Ihrem Nachbarn nur sich selbst wieder. Er spiegelt Ihnen als Zerrbild, was Sie an Gefühlen, Gedanken und Taten ausgesandt haben. Indem Sie ihn lieben, lieben Sie also genau genommen sich selbst. Diese Liebe öffnet Sie dafür, Ihre eigenen Schwächen wahrzunehmen und zu heilen.

Wir müssen aber gar keine »esoterischen« Sichtweisen bemühen, um den Nutzen der Liebe zu verstehen. Schon aus psychologischen Gründen hilft es Ihnen in den Beziehungen zu Ihren Mitmenschen, wenn Sie sich bemühen, sich zu öffnen und echtes Wohlwollen zu empfinden. Wir spüren instinktiv, ob es jemand gut oder schlecht mit uns meint. Das sehen wir unbewusst an seiner Körpersprache, Mimik, ob seine Pupillen eng oder weit werden oder am Tonfall seiner Stimme. Darauf reagieren wir dann entsprechend. Der Volksmund sagt dazu:»So, wie man in den Wald hineinruft, so schallt es zurück.« Wenn Sie Ihr Verhältnis zu anderen Menschen verbessern wollen, dann hilft es Ihnen ungemein, annehmende und wohlwollende Gefühle zu pflegen.

Wenn wir anderen gegenüber wohlwollend sind, dann öffnen wir vor allem auch uns selbst. Es gibt nur die Alternative Angst oder Liebe. Beide können nicht gemeinsam existieren. Aus Angst verschließen wir uns, um nicht verletzbar zu sein. Aus Angst reagieren wir mit Aggression oder Arroganz. Indem wir bewusst eine wohlwollende Haltung einnehmen, vermindern wir unsere Angst vor dem Gegenüber und ermöglichen uns so, unser Herz zu öffnen. Nur wenn wir offen sind, können wir uns in den Nächsten einfühlen. Mit offenem Herzen spüren wir, was den anderen bewegt, wir werden mitfühlend. Wenn wir mit dem anderen fühlen, dann verstehen wir ihn besser, unsere Urteile werden milder, weil wir uns besser in ihn hineinversetzen können. Wir können dann uns selbst in ihm sehen. »Mache einen Menschen erst zu deinem Bruder, bevor du über ihn urteilst« lautet der weise Rat unserer Vorväter. Durch unser Wohlwollen geschieht genau dies. Wohlwollen ist eine Absicht und eine Lebenseinstellung, die andere Menschen zu unseren Brüdern und Schwestern macht.

Und nicht zuletzt geht es um die Liebe zu uns selbst. Menschen, die andere streng beurteilen, gehen meist mit sich selbst genauso hart ins Gericht und umgekehrt. Je mehr wir uns öffnen und wohlwollend mit unseren Mitmenschen umgehen, desto besser können wir uns selbst in den anderen sehen. Wir erkennen immer klarer, dass wir alle aus demselben Holz geschnitzt sind. Jeder trägt das Potenzial eines Heiligen und eines Mörders gleichermaßen in sich. Die dunklen und hellen Anteile unserer Persönlichkeit wollen beide gleichermaßen akzeptiert und integriert werden. Ohne den Spiegel unserer Mitmenschen könnten wir uns selbst kaum wahrnehmen. Deshalb sagte Jesus: »Liebe deinen Nächsten wie dich selbst.« Das eine bedingt das andere. Wenn ich mich nicht liebe, kann ich auch andere nicht lieben, und wenn ich die anderen nicht liebe, fällt es mir auch bei mir selbst schwer.

Respektieren

Respekt ist die Minimalbasis, wie Menschen miteinander und mit der Natur umgehen sollten. Wenn wir glauben, weder Wertschätzung noch Sympathie oder Liebe empfinden zu können oder auch zu wollen, dann bleibt immer noch Respekt. Es handelt sich also um eine Art Eingangsstufe, die wir dann wählen können, wenn wir zum Beispiel einer Person gegenüberstehen, die wir absolut nicht ausstehen können. Das Wort Respekt kommt vom lateinischen *Respectus*, was man mit Rücksicht oder Berücksichtigung übersetzen kann. Jemanden zu respektieren heißt also, ihn zu berücksichtigen.

Also stellt sich die Frage, was genau zu berücksichtigen ist. Eine Antwort darauf gibt beispielsweise die berühmte Goldene Regel: »Was du nicht willst, das man dir tu', das füg' auch keinem anderen zu.« Wir berücksichtigen also, dass der andere Mensch ein fühlendes Wesen mit Bedürfnissen ist, genauso wie wir selbst. Und das funktioniert, indem wir uns in ihn hineinversetzen und unser eigenes Handeln durch seine Augen beurteilen. Respekt setzt also voraus, dass wir unser Gegenüber als Menschen wahrnehmen und uns für ihn interessieren.

Seinen Mitmenschen Beachtung zu schenken, bedeutet vor allem, offen zu sein und zuzuhören. Was bewegt den anderen? Welche Motive hat er, welche Werte, Ansichten und Glaubensvorstellungen? Um einen Menschen respektieren und in seinen Eigenheiten anerkennen zu können, sind Informationen über ihn hilfreich. Es ist immer respektvoller, Fragen zu stellen, statt Annahmen zu treffen. Wenn wir uns zum Beispiel von jemandem verletzt fühlen, gehen wir oft davon aus, dass dies auch dessen Absicht war. Respektvoller Umgang wäre, unsere Gefühle ohne jede Beschuldigung mitzuteilen und dem Gegenüber so die Chance zu geben, seine Sicht zu schildern. Das ist respektvolle Kommunikation. Nur so können wir voneinander lernen. Respekt bedeutet, grundsätzlich anzuerkennen, dass der andere uns etwas zu sagen hat, dass wir nicht allwissend sind und auch Fehler machen.

Respektieren

Wichtig ist, dass Respekt immer auf Augenhöhe stattfindet. Wenn wir einen Menschen respektieren, dann erkennen wir an, dass wir ebenbürtige Individuen sind. Weder sind wir besser oder höher als der andere, noch ist unser Gegenüber wichtiger oder wertvoller als wir selbst. Das bedeutet, dass wir uns selbst immer den gleichen Respekt entgegen bringen, wie dem anderen.

Respektvolles Verhalten beginnt immer aktiv bei uns selbst. Auch wenn ein Mitmensch uns respektlos behandelt, sollten wir uns nicht zum gleichen Fehler hinreißen lassen. Dafür gibt es einen einfachen Grund: Die respektlos handelnde Person möchte Sie durch ihr Verhalten herabsetzen, damit sie sich selbst dadurch wertvoller fühlen kann. Das ist ein deutliches Zeichen von Schwäche, denn ein starker, selbstbewusster Mensch hat es nicht nötig, sich auf Kosten anderer zu erhöhen. Wenn Sie dieser Person jetzt ebenfalls respektlos begegnen, dann verstärken Sie den psychischen Druck der gefühlten Wertlosigkeit in ihr nur noch mehr, und sie wird versuchen, durch noch mehr Respektlosigkeit oder Aggression zu kontern, um ihr Ziel zu erreichen. Das mündet in einen Teufelskreis gegenseitiger Verletzung. Wenn Sie aber andererseits den »Fehler« begehen würden, auf die Respektlosigkeit mit Schwäche und Unterwürfigkeit zu reagieren, dann würde Sie der andere dafür verachten, und was viel wichtiger ist, sie würden sich selbst verachten. Denn Sie hätten sich selbst gegenüber dann den Respekt verloren.

Respekt ist demnach ein Balanceakt, der zwischen gleichwertigen Partnern oder Gegnern ein Mindestmaß an gegenseitiger Anerkennung schafft. Fehlt dieser minimale Konsens, dann kommt es zu Verletzung und Zerstörung, die Hass und Rache nach sich ziehen.

Viele negative Auswüchse unserer heutigen Welt sind von fehlendem Respekt geprägt und wären in einer Atmosphäre echten gegenseitigen Respektierens nicht denkbar: Kriege, Folter, Terrorismus, Kinderarbeit, Ausbeutung von Billiglohnländern und Massentierhaltung, um nur ein paar Beispiele zu nennen.

Schritt 2: Lieben

Respekt beginnt nicht erst beim Handeln. Bereits indem ich respektlos über einen anderen Menschen denke oder spreche, erzeuge ich in mir ein Gefühl der Respektlosigkeit, das sich dem betroffenen Menschen automatisch mitteilen wird, wenn ich ihn das nächste Mal treffe. Es ist sehr schwer, unsere Zeitgenossen über fehlenden Respekt hinweg zu täuschen, da wir uns durch Mimik und Körpersprache verraten. Respekt ist also eine Geisteshaltung und kein antrainiertes Verhalten. Der erste Schritt in Richtung Respekt ist daher, sich seine respektlosen Gedanken und Worte im Alltag bewusst zu machen.

Im Rahmen von Respekt möchte ich auch das Thema Mitgefühl ansprechen. Mitgefühl ist für mich nur eine Variante von Respekt, da es um Einfühlen in den Nächsten geht. Bei Mitgefühl ist es auch besonders wichtig, dass es auf Augenhöhe stattfindet. Man neigt sonst leicht dazu, Mitgefühl und Mitleid zu verwechseln. Mitleid hat ein Gefälle. Es gibt einen Leidenden und es gibt einen der aus sicherer Position heraus das Leiden des anderen bedauert. Nicht umsonst sagt der Volksmund, dass man Mitleid geschenkt bekommt. Keiner will es, und es ist nichts wert, höchstens für den Spender, der sich besser fühlt, weil er so »großherzig« ist, und es ihm zum Glück besser geht als dem Bemitleideten. Mitgefühl ist dagegen ein Mitfühlen unter Gleichen, wissend, dass ich in der gleichen Situation sein könnte und fühlend, wie es mir dabei erginge.

Wenn Sie respektvoll mit sich selbst und allen Wesen, also Menschen wie auch Tieren, umgehen, wird Ihnen in Ihrem Leben auch Respekt entgegen gebracht. Ihr Leben spiegelt Sie. Wenn sie viel Respektlosigkeit erleben, dann fragen Sie sich, ob Sie sich selbst genug respektieren und welche anderen Menschen Sie in Gedanken, Worten oder Taten respektlos behandeln.

WERTSCHÄTZEN

Wertschätzen baut auf Respekt auf. Wir fügen noch eine Qualität hinzu, nämlich dass wir unser Gegenüber nicht nur als fühlendes Wesen wahrnehmen, sondern auch seinen Wert anerkennen. Um einem Missverständnis vorzubeugen: Es geht nicht um die Bewertung der materiellen Nützlichkeit, die jemand für uns hat, sondern um die Anerkennung seiner Bedeutung und Einzigartigkeit. Wertschätzen heißt, dass wir den anderen für Wert genug halten, ihm unser Wohlwollen und unsere Zuwendung zu schenken.

Zur didaktischen Vereinfachung möchte ich zwei Gruppen von Menschen unterscheiden. Es gibt Menschen, deren Wert uns leichter zugänglich ist, beziehungsweise zugänglich sein sollte, und es gibt Menschen, deren Wert zumindest nach unseren herkömmlichen Maßstäben nicht so offensichtlich ist. Lassen Sie mich mit der ersten Gruppe anfangen. Unsere Eltern sind ein typisches Beispiel für Menschen, deren Wert uns eigentlich klar sein sollte, den wir oft aber trotzdem nicht wahrnehmen. Jeder, der Kinder hat, weiß, welche Umstellung der Nachwuchs für das eigene Leben bedeutet. Man widmet einen großen Teil seines Lebens und seiner Finanzen den Sprösslingen. Man geht nicht mehr ins Kino oder zum Tanzen, das Sexleben schrumpft, man macht kindgerechte Urlaube, kämpft mit den Lehrern und baut auch sonst sein gesamtes Leben sozusagen um die Kinder herum. Natürlich sind Kinder für Eltern eine wunderbare und unvergleichbar wertvolle Erfahrung. Aber sie investieren auch einen großen Teil ihrer Lebenszeit.

Andererseits war jeder von uns selbst einmal Kind – und ist es für unsere Eltern auch heute noch – aber wir haben das Opfer der Eltern nicht als solches wahrgenommen, sondern mehr ihre negativen Eigenschaften im Fokus gehabt. Erst wenn man selbst Kinder aufzieht, beginnt man, den Wert seiner eigenen Eltern zu schätzen. Die meisten Kinder haben mit ihren Eltern irgendein Problem, denn es wäre ein

Schritt 2: Lieben

Wunder, wenn man als Eltern alles richtig machen würde. Und selbst dann wäre das aus Sicht der Kinder wohl immer noch falsch gewesen.

Ich frage mich, ob man jemals einen anderen Menschen wirklich wertschätzen kann, wenn es bei den eigenen Eltern nicht gelingt. Ehrlich gesagt, ich fürchte nein. Natürlich ist mir klar, dass es auch sehr traumatisierende Kindheitserlebnisse gibt, mit Vernachlässigung oder Missbrauch. Diese Fälle möchte ich hier gar nicht einbeziehen, denn darüber könnte man ein eigenes Buch schreiben. Es geht um die ganz durchschnittliche Kindheit, bei der es trotzdem später schwerfällt, den Wert der eigenen Eltern zu schätzen.

Lassen Sie uns daher unsere Übung der Wertschätzung mit Ihren Eltern beginnen. Falls Sie Probleme mit den Eltern haben, vergessen Sie diese bitte für den Augenblick. Konzentrieren Sie sich bewusst auf die positiven Aspekte. Ihre Eltern haben Sie zur Welt gebracht und auf die eine oder andere Weise zumindest lebend bis ins Erwachsenenalter geführt. Selbst heute noch stirbt im Durchschnitt alle zehn Sekunden ein Kind auf der Welt. Zu überleben ist also nicht selbstverständlich. Ihre Eltern haben nach ihren eigenen Maßstäben versucht, einen erfolgreichen Menschen aus Ihnen zu machen. Sie konnten vermutlich eine Schule besuchen, bekamen Kleidung und Nahrung und hatten ein Dach über dem Kopf. Falls Ihre Eltern sehr streng waren, dann haben sie so gehandelt, weil sie dachten, es wäre gut für Sie.

Vielleicht meinen Sie, nicht genug Liebe bekommen zu haben. Dann bedenken Sie bitte, wie ihrer Eltern und Großeltern aufgewachsen sind: oft in sehr großen Familien mit vielen Kindern. Und die älteste Generation erlebte oft noch die Epochen beider Weltkriege, also sehr schwere Zeiten mit zahlreichen Entbehrungen. Kinder hatten früher auch einen viel geringeren Stellenwert. Mein Großvater wurde beispielsweise nach seinem zehnten Geburtstag vom Vater als Knecht an einen Bauern vermietet. Wie ein Sklave musste er dort am Hof seinen Dienst tun und mit den Kühen nachts den Stall teilen. Keine Schule, keine Freunde, kein Spielzeug, kein Badezimmer, ein einziges Hemd und eine Hose, nicht einmal Schuhe. Weinend floh er nach Hause, aber es nützte ihm nichts. Er wurde immer wieder mit Gewalt zurückgebracht. Wo war da die Liebe? Aber auch seine Eltern haben nach ihren Maßstäben das Beste versucht, die elf Kinder trotz ihrer Armut irgendwie lebend durchzubringen. Leider starben drei davon schon sehr früh an Infektionen, und von den übrigen acht fiel die Hälfte dem Zweiten Weltkrieg zum Opfer. Welche Tragödien und welcher maßlose Schmerz für die ganze Familie! Meistens können wir nur das weitergeben, was wir selbst erfahren haben. Alle Eltern geben ihren Kindern das Beste, was ihnen möglich ist. Aber jeder kann nur so viel Liebe geben, wie er selbst in sich trägt. Leider ist das objektiv betrachtet nicht immer genug. Manche Eltern leiden an psychischen Krankheiten, sind Alkoholiker oder haben eine schwierige Beziehung zu ihrem Partner, und die Kinder bekommen das zu spüren. Versuchen Sie, bei all dem die gute Absicht zu sehen, und vergeben Sie Ihren Eltern. Es ist das Beste, was Sie für sich selbst tun können. Denn nur so werden Sie frei, um Ihr eigenes Leben zu führen.

Was ist mit der zweiten Gruppe von Menschen, deren Wert uns nicht so klar erscheint? Leute, die uns zur Last fallen, die andere verletzen oder ausnutzen. Menschen, die ihr Leben »nutzlos« auf der Straße verbringen oder im Extremfall solche, die Straftaten begehen und eine Gefahr für die Gesellschaft darstellen. Wie finden wir die Besonderheit und Bedeutung dieser Menschen? Wie können wir uns dafür öffnen, ihnen unser Wohlwollen zu schenken?

Nach meiner festen Überzeugung gibt jeder Mensch immer das Beste, was ihm im jeweiligen Augenblick möglich ist. Das Ergebnis seiner Bemühungen hängt von vielen Faktoren ab: Welche Fähigkeiten und Stärken hat ihm die Natur mitgegeben? Wie gut ist seine innere Motivation? Was sind seine Überzeugungen? Welche gesundheitlichen Probleme plagen ihn? Welche seelischen Verletzungen hat er im Leben erlitten? Wie fühlt er sich in diesem Moment? Ist er müde oder hat er Schmerzen?

Schritt 2: Lieben

Ich möchte damit keine schlechten Taten rechtfertigen. Es gibt auch Menschen, vor denen man sich oder die ganze Gesellschaft schützen muss. Nur ist für mich die Frage der Schuld anders gelagert, als es üblicherweise angenommen wird.

Wenn Sie einem Menschen gegenüberstehen, dessen Taten oder Worte sie sehr missbilligen, dann kann es Ihnen helfen, nach seiner positiven Absicht zu suchen. Hinter jeder Handlung eines Menschen steht immer eine positive Absicht. Leider sehen wir nur die Handlung, und da wir nicht in die Menschen hineinsehen können, bleibt uns die Absicht in der Regel verborgen. Wenn wir uns im Sinne von Respekt für die Menschen interessieren und versuchen, uns in ihre Lage zu versetzen, dann können wir aber oft erahnen, welche positiven Absichten dahinter stecken könnten.

Ein Beispiel soll das verständlicher machen. Die häufigste positive Absicht hinter verletzendem und aggressivem Handeln ist, seinen eigenen Wert zu erhöhen. Fast alle Menschen haben ein Problem mit der eigenen Wertschätzung. Die meisten denken insgeheim, dass andere besser seien als sie selbst, oder dass sie erst irgendetwas erreichen müssten, bevor sie geliebt werden könnten. Je nachdem, welche beruflichen und sozialen Möglichkeiten diejenige Person hat, kann sie die mangelnde Selbstliebe unterschiedlich kompensieren. Wer die Voraussetzungen mitbringt, wird vielleicht ein erfolgreicher Manager oder Vorstand in einer Aktiengesellschaft. Durch Macht und Anerkennung verschafft er sich zumindest mittelfristig eine Erhöhung seines Wertes. Andere versuchen im Sport erfolgreich zu sein oder kaufen sich auf Pump einen Porsche oder ein großes Haus. Wer das alles aber nicht kann – aus welchen Gründen auch immer – der versucht sich vielleicht dadurch Wert und Respekt zu verschaffen, dass er Mitmenschen herabsetzt oder gar körperlich verletzt. Als letzte Möglichkeit bleiben noch Alkohol oder Drogen, mit denen man sich resignierend aus der Welt in einen dämmrigen Traumzustand verabschiedet. Heute bieten auch Computerspiele attraktive Scheinrealitäten, die uns in heroische Helden verwandeln, daher die Suchtgefahr.

Wertschätzen

Es gibt hierzu ein sehr stimmiges Zitat vom schwedischen Romanschriftsteller Hjalmar Söderberg, das ich bei Kay Pollak in seinem Buch *Durch Begegnungen wachsen* gelesen habe:

> *»Man will geliebt werden.*
> *Aus Mangel daran bewundert.*
> *Aus Mangel daran gefürchtet.*
> *Aus Mangel daran verabscheut und verachtet.*
> *Man will Menschen irgendwie ein Gefühl einflößen.*
> *Die Seele schaudert vor der Leere*
> *und sucht Nähe um jeden Preis.«*

Die Suche nach Liebe und Anerkennung ist ein sehr bestimmendes Grundmotiv des menschlichen Verhaltens. Wenn Sie einmal keinen blassen Schimmer haben, weshalb sich jemand so oder anders verhält, gehen Sie davon aus, dass es ihm um Liebe, Anerkennung und um seinen Selbstwert geht. Andere typische Motive sind Angst, Unsicherheit und Selbstschutz, die aber oft nur die Folge von Minderwertigkeitsgefühlen sind. Das meine ich mit der positiven Absicht.

Indem Sie Menschen wertschätzen und lieben, geben Sie Ihnen genau das, was sie sich am dringendsten wünschen: wertvoll und geliebt zu sein.

Ein weiter Grund, den Wert Ihrer Mitmenschen zu schätzen, ist, dass Sie von jedem etwas lernen können. Denken Sie daran, dass die Umwelt Ihre Eigenschaften spiegelt. Worüber Sie sich am meisten ärgern, davon können Sie deshalb am meisten lernen. Es gibt da eine lehrreiche Geschichte von einem chinesischen Weisen, der für ein paar Jahre nach Tibet in ein Kloster gehen wollte. Als Begleiter nahm er sich ausgerechnet den Schüler mit, der am respektlosesten war und ihm die größte Mühe bereitete. Ein Freund fragte ihn, weshalb er sich das antue, es gäbe doch so viele nette Schüler, die infrage gekommen wären. Darauf der Weise: »Ich habe gehört, die Menschen in Tibet seien alle sehr freundlich und zuvorkommend. Wenn ich aber nicht

Schritt 2: Lieben

wenigstens einen schwierigen Menschen um mich herum habe, dann befürchte ich, die nächsten Jahre keine Fortschritte mehr zu machen.«

Immer wenn Ihnen ein Mensch begegnet, machen Sie sich bitte die Gefühle bewusst, die dabei in Ihnen hervorgerufen werden. Wenn Sie Ablehnung spüren, dann lassen Sie die Empfindung zu und fühlen aufmerksam hin. Vielleicht bemerken Sie, dass es Ihnen schwerfällt, ein wohlwollendes Gefühl für Menschen zu empfinden, wenn sie zum Beispiel Kriterien wie gefälliges Aussehen, Intelligenz oder Sauberkeit nicht erfüllen. Machen Sie sich deshalb keine Vorwürfe. Sie sind nicht Ihre Gefühle und Gedanken. Aber bitte fühlen Sie wirklich hin, damit Bewusstsein und dadurch Heilung für die Ablehnung in Ihnen entstehen darf. Das Wichtigste dabei ist Ihre grundsätzliche Bereitschaft, Ihr Herz für andere Menschen vorbehaltlos zu öffnen.

SEGNEN

Vom Wertschätzen zum Segnen ist es nur noch ein kleiner Schritt. Segnen bedeutet, einem anderen bewusst und von Herzen das Beste zu wünschen. Ein Segen beruht auf echtem, ungekünsteltem Wohlwollen, das in Gedanken oder Worten zu einem Wunsch geformt wird. Vielleicht wundern Sie sich, dass ich Ihnen vorschlage, selbst zu segnen. In unserer christlichen Kultur kennt man das eigentlich nur vom Herrn Pfarrer, der seinen Segen gnadenvoll erteilt. Aber genauso, wie sie selbst beten können, können Sie auch selbst segnen. Keiner der Kirchenvertreter, nicht einmal der Papst höchstpersönlich, hat einen besseren Draht zur göttlichen Quelle als Sie selbst. Vor Gott gibt es keine Rangliste. Ihr Herz ist quasi das rote Telefon, das über Ihre Seele direkt mit dem Göttlichen verbunden ist. Also scheuen Sie sich bitte nicht, regelmäßig zum Hörer zu greifen.

Tatsächlich kann man auch mit dem Segnen anfangen und Respekt und Wertschätzung daraus entstehen lassen. Spüren Sie in sich hinein, was der richtige Weg für Sie ist. Es gibt dazu eine schöne Übung, die Pema Chödrön beschreibt, eine tibetische Buddhistin, deren Werk ich sehr schätze. Pema hat die Anleitung dazu von ihrem spirituellen Meister erhalten und schildert sie in ihrem Buch *Gehe an die Orte, die du fürchtest*.

Die Übung ist einfach zu verstehen. Es geht um die Anwendung des Segensspruches: »*Mögen alle fühlenden Wesen sich des Glücks und der Wurzel des Glücks erfreuen. Mögen alle fühlenden Wesen frei sein von Leiden und frei sein von der Wurzel des Leidens.*«

Pema Chödrön empfiehlt, bei den Menschen anzufangen, die man gerne hat. Wenn Sie zum Beispiel mit Ihren Freunden oder Ihrer Familie zusammen sind, dann sprechen Sie in Gedanken diese Segenswünsche. Sie können sich gerne auch selbst einen Segen ausdenken. Wichtig ist nur, dass er in der Art der Erfüllung möglichst offen ist, und nicht festlegt, wie das Glück für die anderen aussehen soll. Spüren Sie beim

Schritt 2: Lieben

Denken oder leisen Sprechen des Segens, was es in Ihnen bewirkt. Dies ist sogar der wichtigste Teil der Übung! Können Sie den Segen zulassen? Spüren Sie, dass Ihre Lieben es verdient haben, glücklich und gesund zu sein, oder fühlen Sie dabei Missgunst oder Neid? Seien Sie ehrlich zu sich selbst! Es hört keiner zu. Sie sind mit sich selbst alleine. Da ist kein Raum für Selbstbetrug. Wenn Sie Missgunst spüren, dann erlauben Sie ihr, da zu sein. Verurteilen Sie sich nicht dafür. Ich weiß, es kann schlimm sein, zu entdecken, dass man sogar seinen besten Freunden nicht gönnt, dass sie glücklicher sind, als man selbst. Aber es ist sehr wichtig, diese Empfindung wahrzunehmen. In dem Moment, in dem Sie das Gefühl der Missgunst zulassen und annehmen können, beginnt es zu heilen. Jeder von uns hat seine Leichen im Keller. Wenn wir sie nicht heraufholen, dann stinken sie erbärmlich.

Die nächste Stufe ist die gleiche Übung mit Menschen, denen Sie neutral gegenüberstehen. Zum Beispiel die Mitreisenden in der U-Bahn oder unbekannte Kollegen in der Kantine. Sprechen Sie in Gedanken den Segen für sie. Und jetzt spüren Sie bitte wieder die Reaktion in Ihnen. Wie fühlt es sich an, unbekannten Menschen Glück und Erfüllung zu wünschen? Stellen Sie sich vor, wie alle Anwesenden vor Freude und Glück jauchzen und tanzen, weil sie genau das Leben bekommen, das sie sich schon immer gewünscht haben. Sind sie neidisch, oder freuen Sie sich mit den anderen darüber?

Und jetzt zum Schluss – Sie werden es bereits ahnen – kommt die Anwendung bei den Menschen, die Sie überhaupt nicht mögen. Das können unliebsame Personen aus Ihrem persönlichen Umfeld sein oder auch Menschen aus dem öffentlichen Leben, die Sie nicht ausstehen können, wie zum Beispiel korrupte Politiker oder andere fragwürdige Würdenträger. Denken Sie wohlwollend an diese Menschen und schenken Sie ihnen Ihre Segenswünsche. Stellen Sie sich bitte wieder vor, wie es diesen Menschen gut geht, sie gesund sind und in einer harmonischen Beziehung leben. Darf das sein? Können Sie es zulassen? Können Sie es ihnen von Herzen wünschen? Falls nicht, dann spüren Sie bitte die Widerstände. Es sind die gleichen Barrieren, die verhindern, dass dieses Glück zu Ihnen kommen kann. Sie selbst können erst dann wirkliches Glück finden, wenn Sie es jedem Menschen auf der Welt von ganzem Herzen wünschen können, egal ob er es aus Ihrer Sicht verdient[3] hat oder nicht.

> **TIPP: SEGNEN IST EINFACH**
> Glauben Sie bitte nicht, dass nur ein Geistlicher segnen darf oder kann. Jeder Mensch hat die gleiche Verbindung zur göttlichen Quelle. Es gibt vor Gott keine Rangordnung. Segnen heißt ganz einfach, Ihr Wohlwollen und Ihre guten Wünsche für andere Wesen in Gedanken oder Worte zu fassen – und dann wieder loszulassen. Dein Wille geschehe! Ihr Segen kann definitiv die Welt verändern. Tun Sie es einfach, je öfter, desto besser.

Segnen ist heilsam. Für mich ist Segnen sogar der Inbegriff oder besser gesagt die Essenz des geistigen Heilens. Was derzeit unter dem Begriff »Quantenheilung« verbreitet wird, halte ich für eine Form des Segnens. Man stellt eine Verbindung zum Klienten her, beispielsweise indem man die Hand auf eine Körperstelle auflegt. Dann äußert man in Gedanken die Absicht, den Krankheitsprozess zu transformieren und dem Klienten alles zufließen zu lassen, was für die Gesundung erforderlich ist. Diese Absicht, von Herzen geäußert, ist nichts anderes, als ein Segen und gleichzeitig der Kern des Heilens. Dann kommt der Schritt des Loslassens. Das heißt, ich nehme mich selbst zurück und lasse das Universum oder die göttliche Kraft, je nachdem, was in mein persönliches Weltbild passt, den letzten Heilungsschritt vollbringen.

---

[3] Niemand kann wissen, was ein anderer verdient hat. Dieser Mensch ist vielleicht genau deshalb so geworden, wie er ist, weil er das Glück, das Sie ihm aus Strafe vorenthalten würden, nie kennengelernt hat. Er wurde zu einem Despoten, weil er nie Liebe erfahren hat. Sie würden ihn also für seine Verfehlung mit der Ursache seiner Verfehlung bestrafen. Gönnen Sie ihm die Chance sich zu ändern. Das ist vermutlich seine Lebensaufgabe. Wer frei von Fehlern ist, der werfe den ersten Stein.

Schritt 2: Lieben

Abschließend bedanke ich mich, weil ich weiß, dass alles zum Wohle der Beteiligten bereits geschehen ist.

Auf dieser Ebene gibt es keine Trennung mehr zwischen Lieben, Segnen und Heilen. Ein Mensch, der die urteilsfreie Liebe in sich verwirklicht hat, sie von den harten Krusten seiner Angst und seiner Selbstzweifel befreite, ein solcher Mensch ist Segen und Heil für die Welt. Wenn Sie Ihr Herz für diese Art des bedingungslosen Wohlwollens geöffnet haben, dann heilen Sie allein durch Ihre Anwesenheit, durch Ihre Worte, durch Ihren Blick oder Ihre Berührung. Allerdings werden Sie sich nichts darauf einbilden, ja nicht einmal anderen gegenüber erwähnen, dass es so ist, weil Sie kein Bedürfnis mehr haben werden, Ihren Wert vor sich und anderen zu beweisen. Wer oder was Sie sind, hat dann keine Bedeutung mehr. Genau genommen sind es auch nicht Sie, der Heilung bewirkt, sondern Sie sind nur ein Vermittler, der seinem Gegenüber hilft, sich ebenfalls zu öffnen und Heilung zuzulassen. Heilung und Liebe haben eines gemeinsam: Sie werden erst dann zum Problem, wenn man sie zurückhält. Das heißt, Heilung wird genau genommen nicht bewirkt, sondern es werden Hindernisse beseitigt, die der Heilung im Weg stehen. Das ist ein wichtiger Unterschied. Es ist wie bei einem gestauten Fluss, der sofort und von ganz alleine in sein Bett zurückfließt, wenn man erst einmal den Damm entfernt hat.

Immer wenn Sie Menschen oder Situationen gegenüberstehen, bei denen ein wichtiger Aspekt zu fehlen scheint, zum Beispiel Mitgefühl, Geduld, Liebe oder Toleranz, dann haben Sie Gelegenheit, eben diesen Mangel zu segnen. Und am besten tun Sie das genau dann, wenn Sie ihn gerade wahrnehmen. Wenn Sie im Streit mit jemandem sind und seine Unnachgiebigkeit und Härte spüren, dann segnen Sie in diesem Augenblick sein Mitgefühl und seine Herzlichkeit. Ich habe den Erfolg davon schon sehr oft erlebt. Es ist wirklich großartig, wie sich Menschen in kürzester Zeit durch Segnen verändern können.

Heute Morgen war ich mit einer kleinen Gruppe von Freunden zum Frühstück in einem Café. Die Bedienung, eine ältere Dame, machte

Segnen

einen sehr unzufriedenen und missmutigen Eindruck. Auf die Wünsche meiner Freunde reagierte sie unfreundlich und knapp. Ich hatte den Eindruck, sie empfand es nur als Belästigung, uns bedienen zu müssen. Ich spürte in mir Trauer und Ablehnung, die von ihr ausgingen. In Gedanken segnete ich die Frau, ich segnete ihre Freude, ihre Geduld und ihre Liebe zu den Menschen. Es dauerte nur wenige Minuten, und sie war uns gegenüber wie ausgewechselt. Plötzlich erschien ein strahlendes Lächeln auf ihrem Gesicht.

Was ich an diesem Beispiel auch gerne deutlich machen möchte, ist, dass man schwer trennen kann, woher unsere Gefühle stammen. Ich schrieb oben, dass ich die Ablehnung der Bedienung spürte. Genau genommen kann ich nur sagen: »Ich spürte Ablehnung.« Es ist müßig zu unterscheiden, von wem die Ablehnung ausging, da es sowohl mein Gefühl, also meine eigene Ablehnung war, als auch die Ablehnung, die ich bei meinem Gegenüber wahrnahm. Wenn ich den Umständen dieser Ablehnung meinen Segen schenke, dann segne ich uns beide gleichermaßen. Wenn Sie die Welt als Ihren Spiegel begreifen, dann verstehen Sie, dass Sie immer auch sich selbst segnen. Jeder Segen und jeder Fluch fällt auf Sie zurück – manchmal sofort, manchmal erst später.

Segnen ist eine sehr kraftvolle spirituelle Übung, denn es erfüllt unmittelbar die zwei wichtigsten Aspekte jedes spirituellen Weges: Achtsamkeit für den Moment und das Öffnen des Herzens. Die Übung des ständigen Segnens erzieht Sie dazu, bewusst in jedem Moment darauf zu achten, welche Verhärtungen in Ihrem Leben gerade jetzt auftauchen. Sie werden diese Härten vor allem mit Ihren Gefühlen wahrnehmen können, in Ihnen selbst und in Ihren Mitmenschen. Es ist eine Übung des Einfühlens. Indem Sie dann die Härten segnen, lösen sich die Krusten auf und legen Ihren weichen, gefühlvollen Kern frei. Je mehr Sie freilegen, umso besser können Sie in die Situationen hinein spüren, und umso mehr Segen können Sie spenden. Das ist ein wunderbarer Kreislauf, und Sie werden merken, wie Sie immer leichter werden, weil Sie mit dem Segnen auch Verzeihen üben, und sich

Schritt 2: Lieben

dadurch alte Lasten von Ihnen lösen, die Sie durch Hass und Verurteilen an sich gebunden hatten.

Manchmal zwingen uns die Umstände in Situationen, wo wir uns fragen, was wir da eigentlich zu suchen haben. Man landet in einer völlig überfüllten U-Bahn, in einer Besprechung, die zum Gähnen langweilt, oder an einem Urlaubsort, den man sich völlig anders vorgestellt hat. Natürlich sind das gute Gelegenheiten, seine inneren Widerstände aufzuspüren und zu lernen, die Situation anzunehmen. Sie kommen dann immer seltener in eine solche Lage, und irgendwann fühlen Sie, dass Sie keine Vorbehalte mehr haben. Sie können dann ohne gefühlten Widerstand im jetzigen Moment sein. Ihr Kopf meint aber vielleicht immer noch, dass er es gerne anders hätte und fragt: »Was mache ich hier eigentlich noch?« Oft haben Sie dann noch die Option, daran etwas zu ändern, manchmal aber auch nicht.

Mitunter habe ich in solchen Situationen inzwischen den Eindruck, ich sei nur deshalb an den betreffenden Ort oder die Situation gerufen worden, um sie zu segnen. Ein Beispiel ist mir erst kürzlich im Urlaub passiert. Wir haben drei Wochen kindgerechten Urlaub in Vietnam gemacht, das heißt, vor allem viel Zeit am Strand und am Swimmingpool verbracht. Die Luft war dort so feucht und heiß, dass sich jede körperliche Bewegung wie eine Fitnessübung im Dampfbad anfühlte. Insgesamt eine Art von Urlaub, die mir nicht wirklich behagt. Meiner Frau und meinem Sohn zuliebe hatte ich aber eingewilligt, zumal mich Vietnam als Reiseland wegen Kultur und Menschen durchaus interessierte, sodass mir die Reise als guter Kompromiss erschien.

Im schwülen Chaos von Saigon angekommen stellte ich mir anfangs aber doch die Frage: »Wieso bin ich hier gelandet?« Als wir dann zu den historischen Kriegsschauplätzen in der Nähe fuhren, und ich mir auch einen Nachmittag alleine Zeit nahm, das Kriegsmuseum in Saigon auf mich wirken zu lassen, da spürte ich sofort den Grund, weshalb ich hier war. Die damals verübten Grausamkeiten auf beiden Seiten und die Verbitterung darüber lagen noch immer greifbar in der Luft. Der

Schmerz war gemischt mit dem (verständlichen) Stolz der Vietnamesen, dass sie es dem großen selbst ernannten Weltpolizisten USA letztendlich gezeigt hatten, wenn auch mit Millionen von Opfern. Mein Herz weinte, und wann immer ich Gelegenheit hatte, sandte ich Segen, Mitgefühl und Liebe an den Ort, wo ich gerade war und in die Herzen der Menschen. Die Vietnamesen, die ich sehen oder kennenlernen durfte, waren sehr heitere, gastfreundliche und herzliche Menschen. In den Parkanlagen von Saigon herrschte Tag und Nacht ein fröhliches Treiben von Leuten, die miteinander spielten, tanzten, redeten oder auf andere freundschaftliche Art gemeinsam die Zeit gestalteten. Wir wurden manchmal sogar eingeladen mitzumachen, obwohl wir uns kaum verständigen konnten. Es ist sehr schmerzlich, dass diesem offenen, sympathischen und lebensfrohen Volk ein so grausamer Krieg aufgezwungen wurde.

Der spirituelle Lehrer Paul Ferrini schreibt: »Heilung ist euer einziger Daseinszweck auf der Erde.« Indem wir segnend durch unser Leben gehen, erfüllen wir genau diesen Auftrag. Mit Ihrem Segen legen Sie genau dort den Fokus auf Stellen in Ihnen selbst, Ihrem Leben und anderen Menschen, wo der Energiefluss blockiert ist. Sie stellen Ihr Bewusstsein und Ihre Absicht zur Heilung zur Verfügung. Den Knoten löst das Leben auf. Sie können und brauchen nicht zu wissen, wie das geht. Welche Befreiung!

Schritt 2: Lieben

SELBSTLIEBE

Ich denke, es ist Ihnen inzwischen klar geworden, dass es bei allem, was ich schreibe, auch – und eigentlich sogar vor allem – um Sie selbst geht. Respekt, Wertschätzung, Segen und Liebe gelten immer Ihnen selbst. Jesus sagte: »Wer hat, dem wird gegeben werden und wer nicht hat, dem wird auch das noch genommen.« Das gilt in erster Linie für die Liebe. Je mehr Sie geben, umso mehr bekommen Sie auch. Wenn Sie Ihre Liebe zurückhalten, dann schneiden Sie sich selbst vom Strom des Lebens ab. Viele spirituelle Lehrer sagen, Sie können niemanden lieben, ohne sich selbst zu lieben. Das stimmt. Aber ich glaube, es ist egal, wo Sie anfangen.

Liebe ist keine Kopfsache. »Ich liebe mich.« oder »Ich liebe dich.« sind nur aneinandergereihte Worte, die ohne wirkliches Gefühl oder zumindest eine von Herzen kommende Absicht bedeutungslos sind. Dennoch können Ihnen diese Sätze zeigen, wo bei Ihnen der Knoten sitzt.

> **TIPP: SIE DÜRFEN SICH SELBST LIEBEN**
>
> Die Liebe zu sich selbst ist das Wichtigste in Ihrem Leben. Sich selbst so anzunehmen, wie Sie sind, und Ihr Herz für sich zu öffnen, ist eine Gnade für Sie und alle anderen. Denn die Liebe, die Sie in sich tragen, füllt nicht nur Ihr Inneres mit Freude, sondern strömt auch in Ihre Umgebung. So wie das Licht der Sonne Ihr Zimmer erfüllt, wenn Sie an einem strahlenden Sommermorgen die Fensterläden öffnen. Sie haben es verdient, sich selbst zu lieben.

Nehmen Sie einen Spiegel und schauen Sie sich selbst in die Augen. Sprechen Sie laut Ihren Namen und sagen Sie dazu »Ich liebe dich so, wie du bist.« Wiederholen Sie die Übung mehrmals und spüren Sie jedes Mal genau, was Sie dabei fühlen. Hören Sie auch hin, ob viel-

Selbstliebe

leicht eine Stimme in Ihnen auftaucht, die negative Kommentare dazu abgibt.

Ich kenne keinen einzigen Menschen, der ohne vorhergehende Heilung seiner emotionalen Wunden diesen Satz sprechen konnte, und dabei sofort tiefe Liebe zu sich selbst spürte. Vielen Menschen kommen bei dieser Übung zuerst die Tränen, weil Sie fühlen, wie dringend sie die Liebe brauchen. Sie wären also in bester Gesellschaft, falls es Ihnen genauso geht. Zum Glück brauchen Sie nicht an sich zu »arbeiten«, sondern Sie gehen bei der Übung einfach in das Gefühl, das sich zeigt, mit Ihrem Atem hinein. Spüren Sie hin, wo es ist und wie es sich genau anfühlt. Wie groß ist es? Welche Form hat es? Fragen Sie, was es von Ihnen benötigt. Meistens will das Gefühl nur von Ihnen wahrgenommen werden. Es zeigt Ihnen alte Verletzungen und übernommene Glaubenssätze, zum Beispiel, dass Sie wertlos oder schlecht seien. Vor allem erlauben Sie bitte, dass dieses Gefühl da sein darf. Segnen Sie Ihre Liebe zu sich selbst.

Wenn Sie ein gläubiger Mensch sind und zu Gott beten, dann bitten Sie ihn, dass Sie auf sich selbst durch »seine Augen« sehen dürfen. In der Wahrnehmung der göttlichen Kraft sind Sie ein Teil von allem und ein zutiefst geliebtes Kind. Das Göttliche wird bestimmt auf Sie hören, und wenn es soweit ist, dann werden Sie vor Glück über die unvorstellbare Tiefe dieser Liebe in Tränen ausbrechen, das ist meine Erfahrung.

Wir sind von der Liebe umgeben, nur meistens nehmen wir sie gar nicht wahr. Für mich war es vor einigen Jahren eine kleine Offenbarung, als ich bemerkte, wie das Göttliche sogar durch die Popmusik zu uns spricht. Es gibt Songtexte, die den Künstlern von der göttlichen Quelle gewissermaßen in den Mund gelegt werden. Man merkt es daran, dass die Texte in der Ichform verfasst sind, obwohl vom Kontext klar ist, dass der Sänger sich damit nicht selbst meinen kann.

Den ersten Hinweis gab mir Madonnas *Frozen*, als ich während einer Autofahrt einmal Gelegenheit hatte, mir den Text in aller Ruhe anzuhören. Ein wunderschönes Lied, bei dem es darum geht, sein Herz zu öffnen, weil man sonst innerlich erfriert. Falls Sie das Lied noch nie so richtig bewusst angehört haben, dann googeln Sie einmal den Songtext im Internet. Wenn Sie ihn lesen, wissen Sie bestimmt, was ich meine. Ich finde es besonders bezeichnend, weil Madonna zwar so heißt, aber von ihrem Image und Erscheinungsbild her absolut nicht in das Muster passt, was als typisches Sprachrohr Gottes gelten dürfte, zumindest nicht nach konservativ kirchlichen Maßstäben. Andere schöne Beispiele finden sich in einigen Texten von Simon und Garfunkel, beispielsweise in *Bridge Over Troubled Water* oder in *Song For The Asking*. Mein persönlicher Favorit unter den »göttlichen« Popmusikern ist die Gruppe Bliss, insbesondere ihr Album *A Hundred Thousand Angels*. Achten Sie selbst einmal darauf, in welchen Liedern Sie sich persönlich angesprochen fühlen. Sie werden sicher noch einige mehr entdecken.

Verwechseln Sie bitte nicht Arroganz mit Selbstliebe. Arrogante Menschen spiegeln eine Selbstsicherheit vor, die sie in Wirklichkeit nicht besitzen. Sie halten sich zwar für etwas Besseres und machen dies an äußeren Eigenschaften wie Reichtum, Aussehen oder Intelligenz fest. Aber in ihrer Tiefe sind sie sehr unsicher und nutzen die Arroganz unbewusst nur als Deckmantel, um diese empfindliche Stelle zu schützen. Menschen, die sich selbst lieben, sind dagegen frei von jedem Dünkel. Sie erkennen sie immer an ihrer Offenheit, Unkompliziertheit und Herzlichkeit.

Die Liebe zu sich selbst können Sie nicht erzwingen, aber je mehr Sie sich öffnen und in sich hinein spüren, und je mehr Sie andere Menschen respektieren und wertschätzen, umso mehr werden diese Gefühle auch zu Ihnen und in Ihnen fließen. Sie halten den Schlüssel in Ihrer Hand.

GRENZEN SETZEN

Liebe und Wertschätzung werden häufig mit einer »Friede-Freude-Eierkuchen«-Mentalität verwechselt. Es besteht dann die Gefahr, dass man anderen aus falsch verstandener Liebe erlaubt, eigene Grenzen zu überschreiten oder »Ja« sagt, wenn man eigentlich »Nein« meint.

Liebe bedeutet nicht, dass Sie anderen gefallen müssen. Manchmal lässt es sich gar nicht vermeiden, jemandem aus Liebe sogar Schmerzen zuzufügen. Bei der Behandlung von Krankheiten kann das zum Beispiel vorkommen. Im einfachsten Fall, wenn Sie eine Wunde reinigen oder einen Splitter entfernen. Oder denken Sie an einen Alkoholiker oder Drogenabhängigen, dem Sie für seine Heilung Ihre Unterstützung seiner Sucht entziehen müssen.

Ich halte die Erziehung unserer Kinder für ein sehr gutes Beispiel dafür, wie Liebe und Grenzen setzen zusammenhängen. Unsere Kinder können uns lehren, wie wir eigentlich mit allen Menschen umgehen sollten. Wenn Sie selbst Kinder haben, dann wissen Sie, dass Sie Grenzen ziehen müssen, die Ihre Kinder vielleicht nicht billigen. Natürlich ist es wichtig, seine Kinder zu respektieren, also ihre Interessen und Wünsche ernst zu nehmen. Aber trotzdem müssen wir als Erwachsene manchmal zum Wohl unserer Kinder etwas gegen ihren Willen durchsetzen, zum Beispiel ganz triviale Dinge wie regelmäßiges Zähneputzen oder rechtzeitiges zu Bett gehen.

Gerade deshalb, weil wir unseren Kindern so nah sind, werden wir durch sie oft an unsere Grenzen geführt. Kinder können uns in Situationen bringen, in denen wir nicht mehr weiter wissen, in Tränen ausbrechen oder einfach die Schnauze voll haben. Das sind äußerst wichtige Momente, denn hier sind die Konfliktzonen, in denen unsere persönlichen Interessen, unsere Liebe zu den Kindern und ihre Wünsche aufeinanderprallen. Genau dort lernen wir die Balance, die für Liebe so wichtig ist. Das sind auch perfekte Gelegenheiten, um das Gelernte aus diesem Buch anzuwenden. Nehmen Sie die Situation an, öffnen Sie Ihr

Schritt 2: Lieben

Herz und bleiben bei den Gefühlen in Ihnen. Spüren Sie aufmerksam hin. Falls Sie sehr aufgewühlt sind, dann werden mit Sicherheit gerade alte Wunden in Ihnen berührt. Unsere Kinder spiegeln mit schmerzhafter Treffsicherheit unsere Schwachstellen. Schlüpfen Sie dann gedanklich in die Rolle Ihrer Kinder, und schauen Sie mit deren Augen auf sich selbst. Stellen Sie sich vor, Sie wären jetzt Ihr Kind und müssten das anhören, was Sie gerade zu ihm gesagt haben, im gleichen Tonfall und mit der gleichen Körpersprache. Was empfinden Sie aus kindlicher Sicht dabei? So können Sie die empfindlichen Stellen gleichzeitig aus verschiedenen Perspektiven erfühlen und auf diese Weise noch deutlicher in Ihr Bewusstsein bringen.

Denken Sie bitte daran: Sie können anderen umso mehr helfen, je tiefer Sie im Respekt zu sich selbst geerdet sind. Ihre Kraft beziehen Sie aus der eigenen Verwurzelung mit dem Leben. Die Energie fließt umso stärker, je mehr Sie für sich selbst offen und mitfühlend sind. Wenn Sie ehrlich sind, dann spüren Sie bestimmt manchmal, dass Sie etwas zusagen oder tun, obwohl eine Stimme in Ihnen gleichzeitig »Nein« dazu sagt. Zum Beispiel eine Einladung zu einem Fest, bei dem Sie lieber zuhause bleiben würden. Oder eine Freundin erzählt Ihnen zum hundertsten Mal, wie schlecht sie von allen behandelt wird, und Sie können das einfach nicht mehr hören. Vielleicht kommt auch Ihr Chef mit einem Auftrag, und Sie sind schon bis zum Kragen mit Terminen voll. Jedes Mal fühlen Sie sich aber regelrecht gezwungen, es demjenigen Recht zu machen. Dahinter steht mehr der Glaube, als das Wissen, dass Sie so handeln müssen. Vielleicht haben Sie sogar noch nie darüber nachgedacht, auch einmal »Nein« zu sagen, weil Sie es als Option gar nicht wahrnehmen.

Wenn es diese Diskrepanz zwischen Ihrer inneren Stimme und Ihrem Handeln gibt, dann sind das immer Momente, in denen das Leben Sie fragt, wie respektvoll und liebevoll Sie mit sich selbst umgehen. Probieren Sie einfach einmal aus, »Nein« zu sagen, wenn Sie »Nein« fühlen. Je nach Situation sollten Sie es natürlich so verpacken, dass Sie Ihr Gegenüber nicht verletzen. Ihrem Chef müssen Sie vielleicht erst erklären, welche Aufgaben für Sie in den nächsten Wochen anstehen, und wie viel Zeit Sie dafür benötigen werden. Eventuell können Sie eine andere Tätigkeit für den neuen Auftrag tauschen. Ich bin überzeugt, dass Sie überrascht sein werden, wie oft Ihr Umfeld mit Verständnis reagieren wird, wenn Sie Ihre Interessen und Wünsche transparent machen. Die wenigsten können Ihre Gedanken lesen. Erwarten Sie bitte nicht, dass Ihre Mitmenschen auf Sie achten oder sich für Ihre Interessen starkmachen. Das kann vorkommen, aber besser ist es, wenn Sie selbst für sich einstehen und sorgen. Niemand weiß besser, was Sie brauchen. Sprechen Sie mit Ihren Nächsten, insbesondere auch Ihrem Partner darüber, was Sie sich wünschen würden.

Manchmal gibt es Situationen, die klare Worte verlangen oder sogar beherzte Taten. Wenn Sie als Frau von einem Mann belästigt werden, oder wenn jemand dabei ist, Ihre Persönlichkeit zu verletzen, dann machen Sie bitte unmissverständlich klar, wo die Grenzen sind. »Nein! Stopp! Bis hierher und nicht weiter!« Wenn Sie in solchen Situationen Aggressionen spüren, dann setzen Sie diese gezielt ein. Diese Gefühle machen Sie glaubwürdig. Wenn Sie zu freundlich »Nein« sagen, dann kann das als Einladung interpretiert werden, weiter zu machen. Ich kann den anderen trotzdem respektieren. Gute Kämpfer respektieren immer ihre Gegner, sie sind sich sowohl der Stärke des Kontrahenten als auch ihrer eigenen Fähigkeiten bewusst. Viele Boxer umarmen sich sogar nach einem Kampf als Zeichen der Wertschätzung. Trotzdem haben sie keine Skrupel, Ihren Gegner im Kampf zu verletzen und niederzustrecken.

Für mich ist eine der wichtigsten Aufgaben im Leben, meine Entscheidungs- und Handlungsmöglichkeiten ständig zu erweitern. Wie frei bin ich innerlich, mich so oder anders zu entscheiden? Wie oft folge ich mechanisch meinen Reaktionen auf äußere Ereignisse? Welche Verhaltensmuster und Glaubenssätze beschränken meine Möglichkeiten? Sie können sich zum Beispiel freiwillig nur dann gegen einen Kampf entscheiden, wenn Sie zumindest theoretisch in der Lage wären, ihn auch zu bestreiten. Wer nie gelernt hat zu kämpfen, der hat nicht wirklich

Schritt 2: Lieben

eine Wahl, denn er muss sich zwangsläufig gegen die Auseinandersetzung entscheiden. Das spüren die Gegner, und in diesem Fall wird Nicht-Kämpfen tatsächlich zur Schwäche. Für den geübten Kämpfer ist Nicht-Kämpfen dagegen fast immer der stärkere Weg.

ZUSAMMENFASSUNG

- Liebe ist eine zarte Blüte und gleichzeitig die stärkste geistige Kraft im Universum.
- Diese Liebe hat aber wenig mit dem zu tun, was wir umgangssprachlich mit dem Wort Liebe verbinden.
- Echte Liebe fließt, wenn Sie Ihr Herzen öffnen und Menschen bedingungslos annehmen.
- Es ist einzig und alleine Ihre Entscheidung, sich für Liebe zu öffnen.
- Liebe gilt allen Wesen, egal ob sie nach menschlichen Maßstäben gut oder schlecht sind.
- Sie haben nur eine Alternative: Angst oder Liebe.
- Nur mit Liebe und Respekt verwurzeln Sie sich im Leben und alles, was Sie aussenden, kommt zu Ihnen zurück.
- Respektieren, Wertschätzen und Segnen sind wichtige Schritte auf Ihrem Weg zu mehr Liebe im Leben.
- Respekt bedeutet, sich auf Augenhöhe für andere Menschen zu interessieren und in sie einzufühlen.
- Durch Ihren Segen heilen Sie sich und die Welt, weil Sie dadurch den Bewusstseinsfokus auf blockierte Energie richten, die so wieder ins Fließen kommen kann.
- Ihre Liebe ist immer auch für Sie selbst bestimmt.
- Sie können sich selbst nicht lieben, ohne Liebe zu anderen Menschen und umgekehrt.
- Erst die Liebe zu sich selbst versetzt Sie tatsächlich in die Lage, Grenzen zu setzen, weil Sie nicht mehr zwanghaft Ihren Mitmenschen gefallen wollen.

SCHRITT 3: LOSLASSEN

*»Die Hölle ist von Menschen gemacht,
und sie besteht aus alten Verletzungen,
die nicht vergeben werden können.«*

WAS LÄUFT IN IHREM LEBEN FALSCH?

Das Leben erscheint uns manchmal wie ein Käfig, in dem wir durch die Umstände gefangen sind. Seit Jahren herrscht vielleicht Streit mit dem Vater, die Ehe kränkelt vor sich hin, der Nachbar wirft seine Abfälle über den Zaun und im Job fehlt sowohl Anerkennung als auch ausreichende Bezahlung. Dazu nerven die Kollegen, und jeden Morgen verbringt man seine Zeit in vollen U-Bahnen oder im Berufsverkehr. Wir kommen da nicht raus. Irgendetwas scheint falsch zu laufen, aber was?

In Wirklichkeit lief gar nichts »falsch«. Alles ist gut so, wie es ist, und Sie wären heute nicht der Mensch, der Sie sind, wenn sich die Dinge anders entwickelt hätten. Es ist jetzt allerdings der Zeitpunkt für Sie gekommen, an dem Sie die Weichen in Ihrem Leben neu stellen können. Deshalb denken Sie jetzt über Ihr Leben intensiver nach und lesen dieses Buch. In Ihrem Leben gibt es eigentlich kein »Falsch« und »Richtig«. In einem größeren Rahmen betrachtet, sind Sie ein unsterbliches Wesen, das hier ist, um sich selbst in der materiellen Welt zu erfahren und bestimmte Schwächen, die es dafür mitgebracht hat, zu heilen. Dieses Leben ist vermutlich nicht Ihr erster Versuch und möglicherweise auch nicht Ihr letzter. Auf lange Sicht werden Sie sicher zu Ihrer Vollkommenheit und zu Gott finden, es ist nur eine Frage der Zeit, wobei Zeit eigentlich nicht der richtige Begriff ist. Es ist mehr eine Frage dessen, wie viele Anläufe Sie benötigen. Gottes Zeit ist die Ewigkeit, und insofern haben Sie auch »ewig viele« Möglichkeiten. Das ist

Schritt 3: Loslassen

die gute Nachricht: Es kann auf Dauer nichts schief gehen. Die schlechte Nachricht ist: Sie wollen vermutlich nicht so lange warten, denn dieses Warten ist mit Leiden verknüpft, wie Sie vielleicht in Ihrem Leben schon einige Male erfahren mussten. Warten bedeutet, sich von seiner Seele und damit der göttlichen Verbindung zu entfernen, und sich so auch vom Leben und der Liebe zu trennen. Genau genommen ist das die Bedeutung, die der Begriff »Sünde« ursprünglich einmal hatte.[4] Das Verfehlen des persönlichen Lebensziels.

Man kann also nicht sagen, dass im Leben etwas falsch liefe, aber es läuft möglicherweise nicht ganz rund. Es gibt zu viele Widerstände. Sie brauchen als Schmiermittel einen Wechsel Ihrer Einstellungen und der Perspektive. Öffnen und Loslassen sind die Zauberworte, die das Tor in ein leichteres Leben öffnen. Loslassen bedeutet, unnötigen Ballast über Bord zu werfen, der Sie sonst immer wieder zu Boden zieht. Indem Sie sich öffnen, akzeptieren Sie, dass Sie nicht alles planen und wissen können. Nehmen Sie Überraschung und Unsicherheit an. Einer meiner Lehrer verblüffte mich einmal mit der Aussage: »Das geilste Gefühl ist, wenn ich Unsicherheit spüre. Dann weiß ich, es kommt eine neue Erfahrung.«

Wo Sie unnötigen Ballast entdecken können, und wie Sie sich dem Leben für neue Erfahrungen öffnen, darum geht es in diesem Kapitel.

---

[4] Im Neuen Testament steht für Sünde der griechische Begriff Hamartia, was mit Verfehlung eines Zieles übersetzt werden kann. Hamartia wurde von den alten Griechen auch benutzt, um zu beschreiben, wenn ein Bogenschütze das Ziel nicht traf. Das Wort erhob also ursprünglich noch keinen moralischen Zeigefinger, wie er im heutigen Christentum leider mit dem Begriff Sünde verknüpft ist.

WISSEN, WAS RICHTIG IST

Eine der tiefsten Wurzeln unseres Leidens ist, dass wir immer denken, wir wüssten, was richtig oder falsch ist. Wenn wir Menschen und Dinge einfach so nehmen könnten, wie sie sind, dann gäbe es keinen inneren Widerstand und keine Unzufriedenheit. Wenn Sie in einer Schlange im Supermarkt warten müssen, dann glauben Sie, das wäre falsch, und richtig wäre, möglichst schnell mit Ihren Einkäufen wieder aus dem Laden herauszukommen. Woher wissen Sie das? Es könnte genauso gut sein, dass es völlig richtig und sogar wichtig ist, dass sie dort stehen. Vielleicht treffen Sie einen Menschen, der für Ihr Leben große Bedeutung hat oder umgekehrt, Sie für seines. Oder Sie sollen durch das Warten Gelegenheit bekommen, in Ruhe in sich hinein zu spüren; Ihre Seele möchte etwas Zeit für Atmen und Fühlen. Möglicherweise ist es gut für Sie, wenn Sie zu Ihrem nächsten Termin zu spät kommen. Vielleicht schützt Sie auch gerade das Schicksal durch das Warten vor einem Unfall, der Ihnen sonst zugestoßen wäre. Paulo Coelho schreibt in seinem Buch *Schutzengel* von einem Freund, der immer, wenn er durch irgendetwas aufgehalten wird, zum Beispiel weil er beim Verlassen des Hauses etwas vergessen hat, davon ausgeht, dass ihn sein Schutzengel aufhalten will, um ihn vor einem Unglück zu bewahren. In einem solchen Fall lasse er sich dann besonders viel Zeit, um dem Engel ausreichend Raum für seine Vorsorge zu geben.

Wenn Sie zum Beispiel von Ihrem Lebensgefährten verlassen werden, dann glauben Sie vermutlich zu wissen, dass das falsch ist. Klar, Sie fühlen sich herabgesetzt, der Verlust schmerzt, und Sie können sich vielleicht noch nicht vorstellen, wie ein Leben ohne diesen Menschen aussehen könnte. Aber können Sie wirklich wissen, dass es falsch ist? Falsch für Sie und falsch für den Partner? Wer kann das absolut sicher sagen? Vielleicht soll Ihr Leben durch die Trennung eine völlig neue Wendung nehmen, durch die Sie umwälzende und bereichernde Erfahrungen machen. Vielleicht werden Sie gerade dadurch erst zu dem Menschen, der später in der Lage sein wird, das Leben wirklich zu schätzen und zu genießen. Eine der großartigsten spirituellen Lehrerinnen, die ich kenne, hat erst durch die sehr harte und verletzende Trennung von ihrem Mann zu ihrer Seele und ihrem spirituellen Weg gefunden. Heute gibt sie ihre Kraft an Tausende von Menschen weiter.

Der Besuch einer höheren Schule gilt heute als grundlegende Voraussetzung für ein erfolgreiches Leben, und wenn ihr Kind das Gymnasium nicht schafft, dann glauben die meisten Eltern, das sei eine Katastrophe. Aber wie kann man das wissen? Wer kennt den Weg, den das Kind nehmen wird, und wo es sein Glück findet? Ein sehr guter Jugendfreund von mir musste in der neunten Klasse das Gymnasium ohne jeglichen Abschluss verlassen. Er hatte zu dieser Zeit alle möglichen Interessen, nur nicht, in die Schule zu gehen und schwänzte ständig den Unterricht. Seine Eltern waren verzweifelt, denn nach ihrer Überzeugung hatte ihr Sohn den falschen Weg genommen und sich seine Zukunft verbaut. Mein Freund machte in der Folge eine Lehre als Maurer und lernte so kennen, was Arbeit mit den Händen bei Wind und Wetter bedeutet. Ihm wurde dadurch erst klar, dass er doch lieber weiter zur Schule gehen wollte. Durch seine Erfahrungen auf der Baustelle motiviert, holte er in Abendschulen zuerst die mittlere Reife nach und anschließend das Fachabitur. Schließlich studierte er Bauingenieurwesen, und als er später ein Baugeschäft leitete, kannte er die Arbeiten auf der Baustelle von der Pike auf. Die Maurer in seiner Firma schätzen ihn heute, weil er ihren Beruf aus eigener Praxis kennt und nicht nur so ein »verkopfter Studierter« ist.

Einen außergewöhnlichen und für unser Thema sehr lehrreichen Lebenslauf habe ich einmal in einem Filmbericht kennengelernt. Dort wurde die Geschichte eines Mannes erzählt, der den größten Teil seines Lebens wegen verschiedenster Delikte im Gefängnis verbracht hatte. Er war Mitte vierzig, groß, muskulös, und martialische Tattoos bedeckten jeden Zentimeter seiner Haut bis hinein ins Gesicht, was ihm ein äußerst bedrohliches Aussehen verlieh. Ein Typ, dem man lieber nicht im Dunkeln begegnen möchte. Allerdings hatte er sich während der Haftzeiten grundlegend gewandelt und vor ein paar Jahren einen Job als Sozialarbeiter angenommen, in dem er sich sehr

Wissen, was richtig ist

herzlich und mit großem Engagement um straffällige Jugendliche kümmerte. Sein Ziel war, Ihnen einen Lebensweg wie den seinen zu ersparen. Aufgrund seines einschüchternden Aussehens und seiner Biografie wurde er von den kriminellen Jugendlichen akzeptiert und sogar bewundert. Er war einer von Ihnen. Sie vertrauten ihm und hörten auf ihn. Aber hinter seiner harten Maske versteckte sich in Wirklichkeit ein Engel. Ich musste an seine Eltern denken, wie verzweifelt sie vermutlich waren, als ihr Sohn immer wieder im Gefängnis saß. Vielleicht durften sie gar nicht mehr den Wandel miterleben und nahmen ihre Sorgen mit ins Grab. Letztlich wäre aller Gram unnötig gewesen. Denn um genau dorthin zu gelangen, wo ihr Sohn am Ende gekommen war, musste er den Weg durch die Gefängnisse gehen. Ich glaube, seine Seele hatte diesen Opfergang bewusst gewählt, um später vielen jungen Menschen helfen zu können.

Woher können Sie wissen, was die Seele Ihres Kindes sich in diesem Leben vorgenommen hat? Das kann nur Ihr Kind selbst ergründen. Das Wichtigste, was Sie ihm deshalb mit auf den Weg geben können, ist die Fähigkeit, auf seine eigene innere Stimme zu hören.

Immer wenn Sie denken, etwas liefe falsch, dann stellen Sie sich selbst die Frage, ob und woher Sie das wirklich wissen können. Könnte es nicht auch so richtig sein, wie es ist? Wäre es für *alle* Beteiligten auf jeden Fall besser, wenn es anders wäre? Falls die Möglichkeit besteht, dass es für andere Menschen so besser ist, kann die Situation dann wirklich schlecht oder falsch sein?

Lassen Sie den Glauben los, Sie wüssten immer genau, was richtig ist. Seien Sie offen für andere Möglichkeiten. Das Leben hat viel mehr zu bieten, als Sie sich in Ihrer Fantasie ausmalen können. Werden Sie frei von Vorstellungen, die sie einschränken, zum Opfer machen und nur Ihr Leiden vergrößern.

Schritt 3: Loslassen

RECHT HABEN

Es ist immer wieder erstaunlich, wozu Menschen bereit sind, wenn es darum geht, Recht zu haben. Einige gingen dafür sogar bis in den Tod, wie zum Beispiel Giordano Bruno, dem der fragliche Ruhm gebührt, als letztes Opfer der Kirche dafür verbrannt worden zu sein, dass er die zentrale Rolle der Erde im Universum bestritt.[5] Möglicherweise dreht sich die Erde ja wirklich um die Sonne – ich habe es noch nicht mit eigenen Augen gesehen – aber was macht das schon für einen Unterschied? Ändert sich dadurch irgendetwas im persönlichen Leben? Lohnt es sich, für so eine Nebensächlichkeit zu sterben und dafür keinen echten Sonnenaufgang mehr zu erleben?

Bei den meisten von uns geht es zum Glück nicht gleich um Leben und Tod, aber doch zumindest um unsere Beziehungen und Lebensqualität. Ist ihnen schon einmal aufgefallen, worüber sich Menschen so streiten? Da geht es darum, ob die Eier 2,99 oder 2,79 Euro kosten, in welcher Minute das dritte Tor im Endspiel fiel, ob Männer oder Frauen besser Auto fahren und, ob man von Linsen Blähungen bekommt. An solchen Fragen sind schon Ehen zerbrochen. Genau genommen natürlich nicht an der Frage, sondern an dem Zwang, unbedingt Recht zu behalten.

Wenn Sie sich selbst das nächste Mal dabei ertappen, auf so ein unsinniges Streitgespräch eingegangen zu sein, dann setzen Sie innerlich ein Stoppsignal. Fragen Sie sich, was Ihnen wirklich wichtig ist. Was passiert, wenn Sie Ihr Gegenüber Recht behalten lassen, auch wenn Sie hundert Prozent davon überzeugt sind, es besser zu wissen? Nichts,

---

[5] Zugegeben, das ist jetzt etwas vereinfacht dargestellt, denn Giordano Bruno ging es nicht nur um den Aufbau des Sonnensystems, sondern er vertrat die sehr viel umfassendere These eines unendlichen Universums, das von Gott beseelt und durchdrungen ist. Ich habe mich noch nicht tiefergehend mit seiner Philosophie beschäftigt, aber es klingt dem sehr ähnlich, wie ich es auch sehe. Trotzdem wäre es für mich bedeutungslos, über eine solche Vorstellung zu streiten. Jeder darf glauben, was er will. Niemand muss bekehrt werden. Das ist vor allem auch ein Ausdruck gegenseitigen Respekts.

außer, dass Sie gerade Ihre Freundschaft oder zumindest den Tag gerettet haben. Machen Sie sich in solchen Streitgesprächen immer bewusst, um was es Ihnen gerade geht. Ist das Thema entscheidend für Ihr weiteres Leben? Möchten Sie Ihren Standpunkt darlegen, oder versuchen Sie nur, am Ende als Sieger dazustehen? Lassen Sie die Vorstellung los, dass es wichtig wäre, seine Meinung gegen andere durchzusetzen, um am Ende Recht zu behalten. Das ist nur eine Falle Ihres Egos. Und seien Sie offen dafür, dass Sie auch einmal falsch liegen könnten.

Was andere über Sie denken

Das Verhalten der meisten Menschen wird sehr stark von Befürchtungen getrieben, was andere über sie denken könnten. Dahinter stecken Glaubensmuster, die zum großen Teil von den Eltern übernommen oder anerzogen wurden. Als Kind erfahren wir von unseren Eltern, dass es sehr wichtig sei, was die Nachbarn denken. Der Garten muss ordentlich aussehen, man braucht ein schickes Auto vor der Tür, man darf nicht laut sein, und wenn man rausgeht, dann nur sauber und ordentlich gekleidet. Wenn man seinem Kind sagt, es solle doch der Tante unbedingt die Hand schütteln oder gar ein Küsschen geben, obwohl es das ekelig findet, dann lernt das Kind, dass es viel wichtiger ist, was andere denken oder wollen, und dagegen die eigene Meinung nicht viel zählt.

Wir lernen von Kindheit an, dass wir uns mit unseren Zeitgenossen vergleichen sollen. Das beginnt mit dem Lesewettbewerb in der Grundschule oder den Anfeuerungsrufen hysterisch schreiender Mütter beim Bolzturnier der F-Jugend. Später stellen wir fest, dass die richtigen Klamotten nötig sind, um anerkannt zu werden, und wir uns auch entsprechend verhalten müssen, um cool zu wirken.

Hinter diesem ganzen Zauber, den wir für die anderen veranstalten, steckt der Wunsch nach Anerkennung und Wertschätzung. Eigentlich wollen wir nur geliebt und akzeptiert werden. Aber die Show, die wir dafür abziehen, hat in Wirklichkeit keine Substanz, ist reines Theater. Wie Sie inzwischen wissen, hängt wahre Liebe nie von solchen Äußerlichkeiten ab. Je weniger wir uns selbst lieben und wertschätzen, umso mehr sind wir auf die »Ersatzdroge« der Anerkennung durch unser Umfeld angewiesen. Je strenger wir uns selbst und die Mitmenschen beurteilen, desto strenger urteilt auch unser Umfeld.

Der erste Schritt, um seine Abhängigkeit vom Urteil anderer Menschen loszulassen, besteht also darin, selbst nicht mehr zu verurteilen. Respektieren Sie sich und andere so, wie sie sind. Seien Sie offen für Ihre

Gefühle, öffnen Sie Ihr Herz. Gestatten Sie sich, ihre eigenen Interessen wahrzunehmen. Wenn Sie Angst vor dem Urteil der anderen bekommen, dann spüren Sie genau hin. Der Knoten, den Sie spüren, ist Ihr eigenes Urteil über Sie selbst und Ihre Nächsten.

Schritt 3: Loslassen

Anstrengung

»Im Leben wird dir nichts geschenkt!«, ermahnte kürzlich eine Mutter den siebenjährigen Freund unseres Sohnes. Solche Sätze gehen bei Kindern direkt und ungefiltert ins Unterbewusstsein. Je jünger die Kinder sind, umso mehr befindet sich ihr Gehirn in einem hypnoseähnlichen Zustand, wie man an den Gehirnwellenmustern erkennen kann. Kinder sind dadurch extrem aufnahmefähig. Das hat die Natur so eingerichtet, damit sie sozusagen im Vorübergehen wie ein Schwamm alles Wissen aufsaugen können. Aber der Nachteil ist, dass sie die Glaubenssätze ihrer Eltern ebenso schnell und ungeprüft übernehmen.

Es ist deshalb kein Wunder, wenn die meisten von uns als Erwachsene davon überzeugt sind, dass sie sich im Leben abstrampeln müssen, um etwas zu erreichen. Da fast alle so denken, halten wir es auch für völlig normal. Wir glauben meistens sogar, dass große Anstrengung das unverwechselbare Zeichen von Erfolg sei. Je mehr jemand im Stress ist, umso mehr Gelingen trauen wir ihm zu. Umgekehrt hat man schon ein schlechtes Gewissen, wenn die Geschäfte einmal gut laufen, ohne dass man sich dafür groß ins Zeug legen musste. Von nichts kommt schließlich nichts. Ohne Fleiß kein Preis. Denn nur die Leistung zählt.

Wenn man sich die verschiedenen Lebenselemente aber einmal näher betrachtet, dann stellt man fest, dass wir das Meiste im Leben geschenkt bekommen. Unseren Körper, unsere Begabungen, unsere Familie, in die wir geboren wurden, unsere Freunde, das alles erhalten wir, ohne es uns verdient zu haben. Sie mögen jetzt einwenden, dass man doch etwas dafür tun könne, zum Beispiel seine Begabungen zu fördern und Freundschaften zu pflegen, und da stimme ich Ihnen völlig zu. Man sagt ja auch, ein Genie basiere zu zehn Prozent auf Inspiration und neunzig Prozent auf Transpiration. Aber woher kommt es, dass man überhaupt bereit ist, so viel zu schwitzen? Woher kommt der Wille zur Disziplin, der Wille, dran zu bleiben, die Fähigkeit, sich zu begeistern? Kann ich meine Begeisterung erzwingen? Kann ich bestimmen, ob ich genügend Biss habe, oder nicht? Habe ich mir das alles wirklich selbst erarbeitet, oder ist die Fähigkeit zur Selbstdisziplin nicht auch ein Geschenk? Das hören einige nicht gerne, weil es ihre eigene Leistung beschränken könnte. Es kränkt das Ego, zu hören, dass es von Geschenken lebt. Aber so ist es. Das Leben ist durch und durch ein Geschenk.

Schauen Sie sich die Natur an. Geht der Löwe morgens aus dem Haus und sagt sich: »Heute muss ich 'mal ordentlich ranklotzen, um Futter zu beschaffen.« Nein, er geht einfach los und streift ein wenig durch die Gegend. Wenn sich dann eine Gelegenheit bietet, ist natürlich schon etwas sportlicher Einsatz gefragt. Aber ich bin sicher, es macht ihm ordentlich Spaß, hinter der Gazelle herzurennen. Wenn ich mir unsere Katze zuhause so ansehe, dann ist das Jagen für sie pure Freude.

Die Natur zeigt uns außerdem, dass sich Zeiten der Saat und der Ernte regelmäßig abwechseln. Dazwischen braucht man nur etwas Geduld, und die Dinge regeln sich von alleine. Man könnte sich in der Zwischenzeit sogar einen schönen Urlaub mit der Familie gönnen. Der Bauer geht auch nicht jeden Tag aufs Feld, um am Weizen zu ziehen, damit er schneller wächst. Er gräbt auch nicht immer wieder den Boden auf, um zu sehen, ob die Saat bereits aufgegangen ist. Er vertraut darauf, dass die Natur ihren Weg alleine geht.

Das ist für mich ein Bild für unser Leben. Es geht nicht ganz ohne Anstrengung, aber es sollte sich nie um Mühsal handeln. Im Idealfall ist der Einsatz, den wir geben, reine Freude für uns, und der Lohn, den wir dafür erhalten, wie ein Geschenk. Freudiger Einsatz – Entspannung – Ernte. Das ist Leben, wie es sein soll.

Bitte achten Sie genau darauf, wann Sie glauben, Sie müssten sich noch mehr anstrengen, vor allem, wenn es darum geht, den Mitmenschen etwas zu beweisen. Haben Sie ein schlechtes Gewissen, wenn Sie sich einmal in Ruhe hinsetzen, um ein Buch zu lesen oder einfach nur zu entspannen? Wie oft versuchen Sie, etwas zu erzwingen, statt

Schritt 3: Loslassen

den Dingen Zeit zu lassen? Spüren Sie in sich immer wieder eine Erwartung an Sie selbst, etwas leisten zu müssen? Können Sie sich vorstellen, ohne besonderen Anlass etwas sehr Wertvolles geschenkt zu bekommen? Sind Sie in der Lage, Geschenke dankbar, ohne Gefühl der Verpflichtung und ohne Gewissensbisse anzunehmen?

Lassen Sie den Ballast Ihres Glaubens an Anstrengung und Mühsal los, und öffnen Sie sich den Gaben, die das Leben Ihnen zu bieten hat. Überlegen Sie auch, wem Sie umgekehrt etwas schenken könnten. Es muss nichts Teures sein, es geht um die Geste und die gute Absicht; vielleicht nur ein wenig Zeit, ein nettes Wort oder Ihren Segen und am besten, ohne irgendjemandem etwas davon zu sagen. Schenken und beschenkt zu werden ist der eigentliche Lauf des Lebens. Je großzügiger Sie weggeben, umso mehr kehrt zu Ihnen zurück.

ERWARTUNGEN AN SIE SELBST

Sie werden es vielleicht nicht für möglich halten, aber der sympathische Mensch, der Sie jeden Morgen so verschlafen im Spiegel anschaut, ist Ihr strengster Wärter und Ihr schlimmster Sklaventreiber. Ich weiß, man sieht es ihm nicht unbedingt an, und Sie würden ihm natürlich bedenkenlos Ihre Kinder anvertrauen.

Aber Spaß beiseite. Nehmen Sie den unangenehmsten und kritischsten Typen aus Ihrer Bekanntschaft, und Sie können sicher sein, dass er sich selbst gegenüber kein Jota nachgiebiger ist. Wenn er seine Peitsche gegen andere schwingt, dann landet der Riemen gleichzeitig auch von hinten jedes Mal auf seinem eigenen Rücken. Eigentlich ist das die Konsequenz, die jeder sich selbst durch strenges Urteilen auferlegt, und die man bei oberflächlicher Betrachtung als Strafe interpretieren könnte. Deshalb meinte Jesus: »Richtet nicht, auf dass Ihr selbst nicht gerichtet werdet.« Wenn man das einmal erkannt hat, dann spürt man sehr viel Mitgefühl mit kritischen Menschen und verliert jeden Groll gegen sie.

Aber wie immer geht es nicht um andere, sondern um Sie selbst. Welche Erwartungen haben Sie an sich selbst? Wie streng gehen Sie mit sich ins Gericht? Hören Sie öfters eine Stimme in sich, die sagt: »Da hast du schon wieder Mist gebaut!«, »Andere schaffen das viel besser als du!« oder »Jetzt raff' dich endlich 'mal auf!«?

Ein Freund von mir machte ein Jahr lang eine sehr strenge Diät, in deren Rahmen er nur ganz ausgewählte Nahrungsmittel essen durfte, ohne jegliche Süßigkeiten, Knabberei oder Bier. Er hielt das auch tapfer durch und brachte schließlich fast 20 Kilo weniger auf die Waage. Aber nach dieser Zeit des Verzichts baute er die Leckereien langsam wieder in seine Ernährung ein und – welche Überraschung – plötzlich geriet alles außer Kontrolle. Durch Fressorgien wog er schließlich viel mehr als vor der Diät. Er hasste sich dafür so sehr, wie er mir später gestand,

Schritt 3: Loslassen

dass er vor dem Spiegel voller Wut auf seinen eigenen Körper einschlug.

Eine sehr bedauerliche und traurige Situation. Kämen Sie auf die Idee, jemanden zu schlagen, weil er gerne Süßigkeiten nascht? Ich jedenfalls nicht und mein Freund auch nicht, aber sich selbst gegenüber fielen bei ihm alle Schranken der Toleranz.

Ich kenne mich berufsbedingt mit Diäten aus, und ich kann Ihnen versichern, dass keine spezielle Abnahme-Diät langfristig funktioniert. Das Einzige, was wirkt, ist eine grundlegende Umstellung der Ernährung, mehr körperliche Bewegung und gleichzeitig eine Heilung der Gründe, weshalb man sich so vollstopft. Zuviel essen ist immer der Ersatz für etwas anderes. Man versucht, eine Leere in sich mit Nahrung zu füllen. Mein Freund wusste das damals noch nicht, und er hatte im Prinzip keine Chance. Trotzdem war er so streng mit sich, als ob er für den Misserfolg verantwortlich wäre, als ob er ein anderes Ergebnis hätte erzielen können. Es lag aber nicht am fehlenden guten Willen.

> **TIPP: SIE SIND NICHT IHRE GEDANKEN**
>
> Wenn sie egoistische, hartherzige oder andere negative Gedanken in sich wahrnehmen, dann sind Sie schon auf der Gewinnerstraße. Denn Sie haben sich in diesem Moment nicht mit ihnen identifiziert. Sonst hätten Sie die Gedanken nämlich gar nicht bemerkt. Also herzlichen Glückwunsch! Sie sind nicht Ihre Gedanken. Solange Sie bewusst dran bleiben und weder nach diesen Gedanken handeln noch sich deshalb Vorwürfe machen, ist alles in Ordnung. Gedanken kommen und gehen, wie die Wolken am Himmel. Aber Sie selbst sind die Sonne, die immer da ist, auch wenn Wolken sie manchmal verdecken.

Wenn Sie also wieder einmal so streng mit sich selbst umgehen, dann fragen Sie sich: Woher weiß ich, dass ich einen Fehler gemacht habe?

Woher weiß ich, dass ich überhaupt die Möglichkeit hatte, anders zu handeln? Woher weiß ich, dass es falsch war, so wie es lief?

Falls Sie trotzdem überzeugt sind, dass Ihnen ein Fehler unterlief, dann betrachten Sie sich bitte selbst so, wie ein Kind, das etwas falsch gemacht hat. Es kann es einfach nicht besser, weil ihm zum jetzigen Zeitpunkt noch Kenntnisse oder Fähigkeiten fehlen. Würden Sie es dafür strafen, oder würden Sie ihm lieber zur Seite stehen und es bei einer Lösung unterstützen?

Wenn Sie es wirklich besser könnten, dann würden Sie es besser machen. Ich bin bei allen Menschen davon überzeugt, dass sie immer das Bestmögliche tun, was ihre Ressourcen und ihr Befinden in diesem Moment zulassen. Ein konstruktiver Lösungsweg kommt ohne Vorwürfe aus, sondern versucht, die Schwachstellen zu beheben. Alles andere ist eine freiwillige Selbstfolterung. Also nur etwas für überzeugte Masochisten.

ERWARTUNGEN AN DIE WELT

Was erwarten wir nicht alles von der Welt. Die Welt soll gut sein, gerecht und fair, und am besten soll sie auch gleich alle unsere Wünsche erfüllen. Die Welt kennt aber keines dieser vom Menschen erdachten Adjektive. Sie bietet uns nur Voraussetzungen, um bestimmte Erfahrungen zu sammeln. Ich sage damit nicht, dass Fairness oder Gerechtigkeit keine wichtigen Werte seien, sondern nur, dass sie nicht von der Welt frei Haus geliefert werden. Wenn wir Gerechtigkeit wollen, dann ist es in erster Linie unsere Aufgabe, in unserem Umfeld gerecht mit allen Wesen umzugehen. Ich weiß nicht, was Sie unter Gerechtigkeit verstehen. Für mich ist es Respekt und Wertschätzung allen Menschen gegenüber, unabhängig von deren Eigenschaften wie Bildung oder Herkunft und unbelastet von meinen persönlichen Vorlieben. Wir sind also wieder beim Thema Liebe, und eigentlich geht es bei der Erwartung an die Welt darum, dass wir geliebt werden wollen. Sie sehen, wir stoßen überall auf das gleiche Grundmotiv, das alle Menschen bewegt.

Wenn wir wissen, dass es im Kern unserer Erwartungen an die Welt um Liebe geht, dann macht das die Dinge schon sehr viel einfacher. Denn dann müssen wir nicht mehr um viele unterschiedliche Begriffe feilschen. Außerdem dürfte Ihnen im Verlauf dieses Buches inzwischen klar geworden sein, dass die Liebe in der Welt immer, immer, ja wirklich immer bei uns selbst anfängt. Es gibt in unserem Leben nur so viel Liebe, wie wir selbst zulassen, je nachdem, inwieweit wir bereit sind, unser Herz für unsere Gefühle zu öffnen. Wir können von der Welt daher nichts erwarten, was wir nicht selbst bereit sind zu geben.

Auf dieser Basis ist es auch leichter zu erkennen, was es vom Prinzip her in der Welt überhaupt nicht geben kann. Das sind Gleichheit und Gleichberechtigung. Vielleicht überrascht Sie das. Aber lassen Sie es mich bitte erklären. Eine wichtige Grundlage von Liebe und Respekt ist die Anerkennung der Besonderheit des Einzelnen. Schauen Sie sich doch einfach einmal um. Menschen sind groß oder klein, dick oder dünn, mit ganz unterschiedlichen Begabungen und Neigungen. Und nicht zu vergessen, es gibt Männer und Frauen, mit kleinen, aber nicht unbedeutenden Unterschieden. Wenn es überhaupt eine Gleichberechtigung gibt, dann die, dass jeder das Recht haben sollte, seine individuellen Begabungen und Wünsche zu leben und einzubringen. Eine falsch verstandene Gleichberechtigung ist zum Beispiel die Ursache unseres Schulsystems, das versucht, jedes Kind nach einem Standardschema, quasi fabrikmäßig, mit Wissen zu füttern, egal ob es darauf Appetit hat oder sich davon ständig übergeben muss. Diese Form von gleichem Recht für alle ist eine Fehlentwicklung, die versucht, uns in austauschbare Maschinen zu verwandeln und uns das noch als Fortschritt für die Menschheit verkauft. Fallen Sie auf diesen Trick besser nicht herein.

Lassen Sie also alle Erwartungen an die Welt los, und gestalten Sie stattdessen lieber die Umstände, die ihnen geboten werden, nach Ihren Werten und Ihren Wünschen. Das ist der Sinn Ihres Lebens. Sie sind ein unverzichtbarer Arm der Schöpfung. Durch Sie handelt die Welt. Schon der Talmud sagt: »Wenn nicht du, wer dann? Wenn nicht jetzt, wann dann?«

Schritt 3: Loslassen

DIE FEHLER DER ANDEREN

Wir können besonders gut die Fehler bei anderen Menschen wahrnehmen. Für unsere eigenen Probleme sind wir dagegen oft blind. Das hat vor allem zwei Gründe: Zum einen rufen die vermeintlichen Fehler unserer Nächsten oft starke Emotionen in uns hervor, weil sie unsere seelischen Wunden dort berühren, wo wir selbst einen blinden Fleck haben. Dann geben wir den anderen die Schuld, statt ihnen dafür dankbar zu sein, dass sie uns bei der eigenen Heilung helfen. Zum anderen können wir die Mängel bei unseren Zeitgenossen gut sehen, wenn wir glauben, sie selbst schon überwunden zu haben. Dann neigen wir dazu, ungefragt gute Ratschläge zu geben. Beide – Vorwürfe und Ratschläge – sind nicht besonders hilfreich, weder für uns selbst noch für die anderen. Es ist auch nicht respektvoll, sich als Helfer oder Kritiker moralisch über sein Gegenüber zu stellen. In Ihrem Leben geht es in erster Linie um Sie selbst. Lenken Sie sich nicht damit ab, andere zu beschuldigen oder ihnen helfen zu wollen. Lassen Sie den ständigen Blick auf die Fehler und Probleme Ihrer Nächsten los. Wenn Sie sich selbst geheilt haben, dann heilen Sie automatisch auch alle Menschen, die mit Ihnen zu tun haben. Ihre Liebe und Ihr offenes Herz sind das Einzige, was zählt. Bleiben Sie immer bei Ihren eigenen Gefühlen, und gehen Sie lieber mit gutem Beispiel voran – ohne darum viel Aufhebens zu machen – statt ungefragt Ratschläge zu erteilen.

REALITÄT

Eine ärztliche Kollegin aus dem Bekanntenkreis wurde kürzlich gefragt, ob sie an Gott glaube. Ihre Antwort darauf war: »Nein, ich bin Realistin.« Viele Menschen meinen, sie wären besonders realistisch, wenn sie ausschließlich an die naturwissenschaftliche Sicht und an die Materie als alleinige Basis unserer Existenz glaubten. Damit liegen sie gar nicht einmal völlig falsch. Sie sind nur auf halbem Weg zur Erkenntnis stehen geblieben. Werner Heisenberg, Nobelpreisträger und einer der Urväter der Quantenphysik, meinte dazu: »Der erste Schluck aus dem Becher der Naturwissenschaften macht atheistisch, aber auf dem Grund des Bechers wartet Gott.« Der ebenso berühmte Physiker Max Planck, dessen Name heute für renommierte Forschungsinstitute in Deutschland steht, sagte sogar, dass es keine Materie an sich gebe, sondern unsere Realität im Grunde geistiger Natur sei, und dieser Geist als Gott bezeichnet werden könne. Ich kenne mich mit diesem Thema sehr gut aus, weil mein eigener Weg zur Spiritualität über den naturwissenschaftlich-atheistischen »Umweg« führte. Ich kann jedem, der sich wirklich für die wissenschaftliche Basis unserer Realität interessiert, nur nahe legen, mehr in die Tiefe zu gehen. Beschäftigen Sie sich vor allem mit Quantenphysik und auch damit, wie Realität im Gehirn erzeugt wird. Einen sehr umfassenden und gut verständlichen Überblick dazu liefert beispielsweise das Buch *Die Entstehung der Realität* von Jörg Starkmuth.

Alle Vorstellungen, die wir uns von der Welt machen, sind im Grunde genommen nur Konzepte, also Modelle, wie ein bestimmter Teil der Welt funktionieren könnte. Ein Konzept mag seinen Wert für unser Verständnis dieses einen Ausschnitts haben. Es wäre aber fatal, zu glauben, das Modell sei selbst die Realität. Die tiefste Ebene der Realität liegt jenseits aller Konzepte und ist durch den Verstand nicht mehr fassbar. Ein berühmter Philosoph, ich glaube es war Ludwig Wittgenstein, hat gesagt, dass Worte ihn zwar bis zum Gipfel der Erkenntnis geführt hätten, aber die letzte Erkenntnis, die er dort dann gefunden habe, nicht mehr mit Worten zu beschreiben sei.

Schritt 3: Loslassen

Lassen Sie also am besten ganz los, zu glauben, Sie wüssten, was die Realität sei. Seien Sie offen dafür, dass alles möglich ist, was Sie sich auch nur im Ansatz vorstellen können und sogar weit über Ihre Vorstellungskraft hinaus.

Alte Wunden

Es gibt Vorfälle in unserem Leben, über die wir glauben, sie nicht vergeben zu können. Jemand hat uns oder einen geliebten Menschen verletzt, und das ist für uns unverzeihlich. Oft sind es die Eltern, denen wir etwas vorwerfen. Vielleicht haben sie uns verlassen oder in irgendeiner Form misshandelt, oder sie haben uns etwas vorenthalten, von dem wir glauben, es verdient zu haben. Ich kenne einen älteren Herren, fast 80 Jahre alt, der seinem Vater heute noch nachträgt, dass er ihm den Besuch einer höheren Schule verweigerte. Ein Freund von mir lebt seit dreißig Jahren mit seinem Vater im Streit, weil dieser damals seine Mutter wegen einer anderen Frau verlassen hatte. Er beschuldigt ihn heute noch, die Familie zerstört zu haben. Die Wunden der Kindheit sind oft noch sehr bestimmend im Leben der Erwachsenen. Die Eltern haben unsere Erwartungen nicht erfüllt. Wir fühlten uns zu wenig geliebt oder anerkannt. Sie waren vielleicht sehr streng oder sogar völlig abwesend. Viele Menschen, bei denen ein Elternteil früh starb, berichten, dass sie den Verstorbenen sogar dafür hassten, dass er sie einfach so verlassen hatte.

Falls Sie Ihren Eltern noch etwas nachtragen, machen Sie sich bitte zwei Dinge klar:

- Sie benötigen Ihre Eltern heute emotional nicht mehr. Alle Liebe und Fürsorge, die Sie brauchen, können Sie sich jetzt selbst geben. Erwarten Sie in dieser Hinsicht nichts mehr von Ihren Eltern. Sie können sie dann endlich so sein lassen, wie sie sind.

- Sie sind nicht dafür verantwortlich, dass Ihre Eltern sich gut fühlen. Sie sind Ihnen emotional nichts schuldig. Eltern sind für die Kinder da und nicht umgekehrt. Es geht hier wohlgemerkt nicht um die Liebe zu Ihren Eltern oder körperliche Pflege, falls Ihre Eltern sie benötigen. Es geht darum, dass Eltern Ihre Kinder manchmal als Ersatz für einen Partner oder

Schritt 3: Loslassen

anderweitig als emotionalen Energiespender missbrauchen. Sie haben absolut keine Verpflichtung zu einer solchen Rolle, im Gegenteil. Wenn Ihre Eltern damit ein Problem haben, dann lassen Sie das zu, und machen Sie es bitte nicht zu Ihrem Problem. Verzeihen Sie Ihren Eltern, dass es so war oder immer noch so ist. Sie taten und tun ihr Bestes. Jeder kann nur so viel Liebe geben, wie er selbst in sich trägt. Ihre Eltern brauchen sich deshalb auch nicht zu ändern. Gehen Sie »einfach« Ihren eigenen Weg.

Eine schöne mentale Übung zum Thema Eltern ist folgende: Stellen Sie sich vor, wie Sie als Kind im Alter von sieben oder acht Jahren Ihrer Mutter (oder Ihrem Vater) gegenüberstehen. Sie verfolgen diese Szene von außen als Beobachter. Sie sehen, wie sich die beiden in die Augen schauen, und hören Ihre Mutter sagen: »Ich liebe dich!« Fühlen Sie, was dabei in Ihnen geschieht. Dann beobachten Sie, wie sich Ihr kindliches Spiegelbild vor der Mutter verbeugt. Eine Geste, die Dankbarkeit und Vergebung ausdrückt. Fühlen Sie wieder genau hin. Können Sie die Verbeugung zulassen? Bitte öffnen Sie Ihr Herz, und lassen Sie die Gefühle endlich heilen. Das haben Sie wirklich verdient.

Nach den Eltern ist es meist der (ehemalige) Lebenspartner, dem man am häufigsten Verletzungen nachträgt. Je näher Ihnen jemand steht, desto mehr Schmerzen kann er Ihnen zufügen. Vielleicht hat Sie Ihr Partner hintergangen oder sogar jahrelang heimlich betrogen, ohne dass sie etwas ahnten. Oder Sie fühlen sich in Ihrer Beziehung anderweitig ausgenutzt oder vernachlässigt. Besonders schwere Traumen entstehen meistens bei körperlichen Übergriffen durch Nahestehende oder Fremde, etwa einer Vergewaltigung oder einem Überfall.

Egal was genau passiert ist, solche Erlebnisse hinterlassen Wunden, schmerzliche Erinnerungen, die immer wieder wachgerufen werden können. Durch bestimmte Anlässe werden die Gedanken an diese Vorfälle wieder hervorgeholt und lassen uns keine Ruhe. Nach moralischen Gesichtspunkten fühlen wir uns im Recht. Der andere Mensch,

Alte Wunden

dem wir die Verletzung vorwerfen, hat objektiv oft wirklich falsch gehandelt. In manchen Fällen sind es sogar echte Verbrechen und womöglich abscheuliche Taten.

Es geht hier aber nicht um moralische Maßstäbe. Es ist auch nicht die Frage, ob man Straftaten im juristischen Sinn verurteilen sollte. Das muss man sicher, in der einen oder anderen Form. Worum es mir in diesem Buch geht, ist nur Ihr persönliches Lebensglück. Was bewirkt der ständige Vorwurf gegen den Täter? Er erzeugt in Ihnen schmerzhafte Erinnerungen an die Verletzung. Jeder Vorwurf rührt an Ihren alten Wunden. Eigentlich wollen Sie mit den Vorwürfen aber etwas anderes bewirken. Ihnen geht es darum, dass der Täter nicht »ungeschoren« davon kommt. Sie denken, Sie können es ihm nicht einfach so durchgehen lassen. Er muss dafür leiden, dass Sie leiden mussten. Aber *wer* spürt Ihre Vorwürfe? Sie selbst empfinden die Schmerzen.

Vielleicht gelingt es Ihnen tatsächlich, Ihrem Gegenüber auch das Leben schwer zu machen. Wenn Sie als erwachsenes Kind zum Beispiel Ihre Eltern meiden und ihnen vielleicht sogar die Enkel vorenthalten, dann werden Ihre Eltern auch seelische Schmerzen leiden. Sie schaffen es so, dass nicht nur Sie selbst leiden müssen oder mussten, sondern auch noch andere Menschen. Welche Tragödie! Ich bin mir sicher, die größten Schmerzen der ganzen Menschheit entstehen auf diese Weise aus alten Wunden. Verletzung bewirkt Hass bewirkt Verletzung bewirkt Hass bewirkt Verletzung und so weiter. Ganze Völker haben sich deswegen schon gegenseitig getötet, verstümmelt und gefoltert.

Wenn Ihnen bisher noch unklar war, was mit dem Begriff Karma gemeint ist, dann haben Sie hier einen kleinen Einblick. Ein großer Teil von Karma ist das Festhalten an dieser Art von Verstrickungen zwischen Tätern und Opfern. Das können Sie sogar in Ihren nächsten Leben fortsetzen, wenn Sie es unbedingt wollen. Kein Problem, sie haben genug Zeit, die Ewigkeit wartet. Allerdings ist das genau die Hölle, von der alle Religionen sprechen. Die Hölle ist von Menschen gemacht, und sie besteht aus alten Verletzungen, die nicht vergeben werden können.

Schritt 3: Loslassen

Bitte machen Sie sich deshalb klar, dass es in Ihrem Leben nur einen einzigen Menschen gibt, der aus diesem Teufelskreis des Schmerzes ausbrechen kann. Das sind Sie selbst. Warten Sie nicht darauf, dass der andere sich zuerst entschuldigt. Wenn Sie das Bedürfnis haben, dass die Schuld aufgelöst wird, dann handeln Sie auch. Die Frage, wer als Erster anfängt, ist ein Egotrip: »Wer ist der Stärkere, wer hat den längeren Atem, wer hat Recht und wer gewinnt am Ende?«

> **TIPP: GEFÜHLE SIND DIE SPRACHE IHRER SEELE**
>
> Wie hängen Gedanken, Emotionen, Gefühle und Ihre Seele zusammen? Gefühle sind Körperzustände, die durch – meist unbewusste – Gedanken in Gang gesetzt werden. Zum Beispiel entsteht Angst, wenn Sie befürchten, verletzt zu werden, oder Wut, wenn Sie denken, Sie würden ungerecht behandelt. Die Emotion ist nur der Name, den Ihr Verstand dem Gefühl gibt. Ihr Verstand kann aber nicht fühlen, sondern nur analysieren. Benannt ist also noch nicht gefühlt. Ihre Seele lenkt Sie gezielt in Situationen, die bestimmte Gefühle hervorrufen, um genau diese Erfahrung zu machen. Ihr Ziel ist, Sie dadurch zu heilen und zu innerem Wachstum zu führen. Wenn Sie zu sehr im Verstand feststecken und sich weigern zu fühlen, dann weigern Sie sich genau genommen, auf Ihre Seele zu hören. Dies kann auf Dauer nicht gut gehen.

Solange Sie an Ihren Verletzungen festhalten, leben Sie mit Blick auf die Vergangenheit. Wie können Sie Ihr Leben nach vorne leben, wenn Sie immer nach hinten schauen? Das ist so, als ob Sie beim Autofahren ausschließlich in den Rückspiegel blicken würden. Kein Wunder, wenn Sie damit irgendwann im Graben landen.

Lassen Sie alte Wunden los, öffnen Sie Ihr Herz. Auch Sie haben bestimmt in Ihrem Leben schon andere Menschen verletzt. Jeder von uns trägt diese Schuld. Wir sind alle keine Heiligen. Ohne Vergebung wären die Menschen verloren. Ich wünsche Ihnen von ganzem Herzen, dass Ihnen dieser Schritt gelingt. Falls nicht, dann ist vielleicht Ihre Zeit noch nicht reif dafür. Aber seien Sie offen, dass der Tag kommen wird. Geben Sie sich und den anderen diese Chance.

Schritt 3: Loslassen

MENSCHEN (DIE IHNEN NICHT GUT TUN)

Es gibt Beziehungen in unserem Leben, die uns herunterziehen oder uns schwächen. Bei manchen Menschen haben wir den Eindruck, dass sie ständig unsere Energie abziehen. Meist sind es solche, die uns beharrlich ihr Leid klagen, über andere herziehen oder uns in wiederkehrenden Streit verwickeln.

Das muss nicht immer so gewesen sein. Vielleicht haben Sie sich früher gut verstanden. Aber jeder entwickelt sich weiter, und irgendwann passen Sie einfach nicht mehr zueinander. Sie haben vielleicht inzwischen gelernt, dass Sie selbst für Ihr Leben verantwortlich sind, aber Ihr Gegenüber ist noch immer in einer Opferhaltung. Jedes Mal, wenn er Ihnen sein Leid klagt, dann spüren Sie innerlich, dass da etwas völlig falsch ist, und dass dieses Gespräch wie eine schwere Last auf Ihren Schultern liegt. Ihr Problem ist vielleicht, dass Sie sich verpflichtet fühlen, sei es aus alter Freundschaft, Geschwisterliebe, oder weil Sie als »guter« Mensch einem Zeitgenossen nicht die Hilfe verweigern können, die er Ihrer Ansicht nach benötigt. Vielleicht spüren Sie in sich immer wieder, dass Sie eigentlich gar nicht mehr zuhören oder einfach nur weggehen wollen, aber diesen Schritt schaffen Sie noch nicht.

Natürlich geht es im Leben immer um Respekt und Liebe. Allerdings verstehen wir das meist fälschlich als Verpflichtung anderen gegenüber. Liebe ist aber keine Verpflichtung, sondern nur eine Offenheit des Herzens. Und an erster Stelle steht immer Ihr Respekt vor sich und die Liebe zu sich selbst. Sie können keine Rettungsinsel sein, wenn Sie selbst untergehen. Außerdem ist jeder für seine eigene Rettung verantwortlich. Das können Sie niemandem abnehmen. Sie können vielleicht Anregungen geben oder besser, gute Fragen stellen, die Ihr Gegenüber zum Nachdenken bringen. Aber wer sich nicht selbst retten will, dem können Sie auch nicht helfen. Sie können nicht einmal sicher wissen, ob es für eine andere Person gut oder schlecht ist, dass sie sich in einer bestimmten Situation befindet. Wir sind alle für uns selbst verantwortliche Wesen. So ist die Schöpfung angelegt.

Menschen (die Ihnen nicht gut tun)

Vielleicht haben Sie auch Freunde oder Verwandte, denen Sie es nie recht machen können. Immer haben sie etwas an Ihnen auszusetzen. Akzeptieren Sie das einfach. Sie müssen es niemandem recht machen. Wenn die Mitmenschen mit Ihnen ein Problem haben, dann ist das deren Sache, solange Sie das tun, was Ihnen wichtig und richtig erscheint, und Sie dabei respektvoll mit anderen Menschen umgehen.

Ihre erste Verpflichtung im Leben ist, sich selbst treu zu bleiben, also auf Ihren Lebensweg und Ihre innere Stimme zu achten. Schwierige Menschen sind oft unsere besten Lehrmeister im Leben. Sie können uns vor allem beibringen zu erkennen, was uns wirklich wichtig ist und dann auch dafür geradezustehen. Wir müssen im Leben Standpunkte einnehmen, darum kommen wir nicht herum. Sonst werden wir von anderen eingenommen. Wenn Sie sich also einem Menschen ausgeliefert fühlen, dann verstehen Sie das als Lehrstunde dafür, respektvoll aber bestimmt Grenzen zu setzen. Sagen Sie, was Sie fühlen. Widersprechen Sie, wenn es angebracht ist, ohne rechthaberisch zu sein. Es geht nicht darum, Ihr Gegenüber zu überzeugen, sondern nur Ihren Standpunkt zu vertreten. Wenn der andere das akzeptieren kann, dann ist es unwichtig, ob er gleicher Meinung ist. Er muss nur in der Lage sein, Sie und Ihre Auffassung zu respektieren. Wenn das nicht funktioniert, dann sagen sie Adieu. Manchmal ist Trennung der beste Weg für alle Beteiligten.

Lassen Sie Beziehungen los, die Ihnen nicht gut tun, und seien Sie offen für die neuen Menschen, die in Ihr Leben treten werden. Es gibt derzeit sieben Milliarden Menschen auf der Welt, darunter sicher Tausende, die Ihnen Kraft geben würden, statt Sie auszusaugen. Das menschliche Team, mit dem Sie durchs Leben gehen, bestimmt auch über Ihren Weg. Suchen Sie sich Ihre Gefährten deshalb sorgfältig aus.

ANGST

An der Wurzel unserer Gefühle gibt es nur zwei Qualitäten: Angst und Liebe. Beide sind wie Feuer und Wasser und können gemeinsam nicht existieren. Eigentlich sind sie mit zwei unterschiedlichen Aggregatzuständen vergleichbar, flüssig wie Wasser und fest wie Eis. Sie können sich allenfalls abwechseln. Angst zieht zusammen, macht hart und undurchdringlich. Sie trennt, beschneidet und tötet das Leben. Liebe ist weit, biegsam und offen, sie lässt Begegnungen zu, fördert das Wachstum und öffnet alle Kanäle, damit die Energie des Lebens fließen kann.

Kay Pollak, der Regisseur des Films *Wie im Himmel* drückt es sehr poetisch aus: »*Ein heiliger Augenblick entsteht, wenn sich zwei oder mehrere Menschen angstfrei begegnen.*«

Heilig kommt von heil sein, also ganz und vollständig. Mit anderen Menschen ohne Angst zusammen zu sein bedeutet, dass ich mich so geben kann, wie ich wirklich bin. Ich muss mich nicht verstellen und keine Maske tragen. Ich muss nichts verstecken. Alle Teile meiner Person dürfen einfach da sein und leben. Ich werde als ganzer Mensch akzeptiert. Alle miteinander können auf diese Weise ihre Gefühle und ihr Herz offenbaren und auch dem Gegenüber in die Seele blicken. Heilige Begegnungen können überall stattfinden, mit Bekannten oder Fremden, beim Bäcker, beim Metzger oder im Hauptbahnhof. Manchmal reichen dafür Sekunden, in denen man sich nur mit einem Lächeln in die Augen schaut.

Wenn Sie überlegen, was Sie in Ihrem Leben glücklich macht, dann sind das oft genau solche heiligen Begegnungen. Natürlich machen uns auch viele andere schöne Erlebnisse glücklich: Die Sonne auf der Haut zu spüren oder den Wind in den Haaren. Oder genussvoll eine Piste hinunter zu wedeln. Auch wenn wir ein wichtiges Projekt, das uns am Herzen liegt, erfolgreich abschließen, kann uns das glücklich machen. Glück entsteht immer in Situationen, in denen wir uns und unsere

Nächsten so erleben, wie wir wirklich sind. Die Freude an unserem authentischen Sein macht uns glücklich.

Ihre Angst kann Sie also daran hindern, der Mensch zu sein, der Sie wirklich sind, oder besser, der Sie sein könnten. Andererseits ist die Angst auch Ihr Freund. Sie meint es im Grunde gut mit Ihnen. Die Angst entspringt einem sensiblen Teil Ihrer selbst, der Sie vor etwas beschützen möchte. Sie können Angst nicht bekämpfen, denn sonst würden Sie gegen sich selbst antreten. Der einzige Weg ist, durch die Angst hindurchzugehen. Bitte lassen Sie Ihre Angst zu, und fühlen Sie genau hin. Fragen Sie, wovor sie Sie schützen möchte. Gehen Sie liebevoll mit ihr um. Die Angst ist wie ein kleines Kind in Ihnen, das in den Arm genommen werden will. Zeigen Sie ihm, dass jetzt ein Erwachsener da ist, der sich um es kümmert und der es beschützt.

Woher kommt Angst? Wovor haben Menschen Angst? Nach meiner Erfahrung gibt es drei große Quellen, aus denen unsere Ängste entspringen: die Angst vor Neuem, die Angst vor dem Tod und die Angst, von anderen nicht geliebt und akzeptiert zu werden. Jede Angst ist nur eine Variation eines der drei Themen.

Über das Bedürfnis nach Liebe und angenommen zu sein habe ich im vorderen Teil des Buches schon viel geschrieben. Entsprechende Ängste sind zum Beispiel, sich zu blamieren, vor einer Gruppe zu sprechen, Respekt und Ansehen zu verlieren oder verlassen zu werden. Wie Sie aus meinen bisherigen Schilderungen wissen, beginnen Liebe und Wertschätzung immer bei Ihnen selbst. Je mehr Sie Ihr Herz für sich und Ihre Mitmenschen öffnen, umso weniger Angst werden Sie vor solchen Anlässen empfinden. Da ich das Thema in diesem Buch schon sehr ausführlich behandelt habe, werde ich es an dieser Stelle dabei belassen und mich den beiden anderen Angstquellen widmen.

Die Angst vor dem Unbekannten befällt Menschen in vielen Situationen. Alles, was man kennt, fühlt sich sicherer an, als das Unbekannte, denn man hat es schließlich irgendwie schon einmal überlebt. Selbst

Schritt 3: Loslassen

wenn die derzeitige Situation sogar sehr unbequem ist, harren wir oft lieber darin aus, als ein unbekanntes Risiko einzugehen. Das nennt man in der Psychologie die Komfortzone. Aber man kann es auch ganz anders sehen. Nur im Unbekannten können wir wachsen. Nur das Unbekannte verspricht neue Erfahrungen. Nur das Unbekannte kann uns herausfordern. Wer Abenteuer sucht, findet sie nur im Unbekannten. Deshalb besitzt das Unbekannte auch einen großen Reiz. Die Angst vor dem Unbekannten ist zum großen Teil nur Unsicherheit und kann von Menschen deshalb ganz verschieden erlebt werden. Man kann die mit Angst verbundenen Empfindungen, also zum Beispiel erhöhter Puls, kalte Hände und Zittern, auch als die Vorbereitung des Körpers auf eine besondere Herausforderung sehen. Es ist dann wie ein Prickeln der Vorfreude. Es gibt Menschen, für die dieses Gefühl eine Art Droge ist, und die deshalb immer wieder den Kick suchen.

Mein Kampfsportlehrer brachte seinen Schülern schon zu Beginn der Ausbildung bei, dass man in einer realen Kampfsituation durch seine Angst gelähmt werden kann, wenn man nicht auf die Reaktionen seines Körpers gefasst ist. Man muss wissen, dass man unmittelbar vor einem Kampf immer zittert, und die Knie wackelig werden, auch der beste Kämpfer kennt diesen Zustand. Das ist die natürliche Reaktion der Muskeln auf das Hormon Adrenalin. Zittern ist kein Zeichen von Schwäche, sondern ein Signal, dass der Körper alle Energiereserven hochfährt, um optimal einsatzbereit zu sein. So kann Angst auch zur Kraftquelle werden. Denken Sie an die Geschichten von Müttern, die in ihrer Not ein Auto hochheben konnten, um ihr darunter liegendes Kind zu befreien.

Ihre Seele möchte im Leben immer weiter vorangehen. Sie will immer wieder neue Erfahrungen machen, die Welt in allen Facetten kennenlernen. Aber Sie fühlen sich vielleicht verunsichert durch das Neue, das auf Sie wartet. Wenn Sie aber erkennen, dass diese Unsicherheit nur ein Zeichen dafür ist, dass Ihre Seele Sie führt, dann gewinnt dieses Gefühl eine ganz neue Qualität. Für mich selbst war diese Erkenntnis wie ein Augenöffner. Unsicherheit wird dann zum Wegweiser, und aus der Angst wird eine gespannte Erwartung auf das Neue, das kommen wird.

Der eigene Tod ist für jeden Menschen ein angstbesetztes Thema. Ich habe einmal ein Interview mit dem Dalai Lama gelesen, in dem er sagte, er bereite sich seit vielen Jahrzehnten täglich in seiner Meditation auf dem Tod vor. Trotzdem könne er nicht ausschließen, dass er in Panik geraten werde, wenn es soweit ist. Niemand, der die Erfahrung noch nicht gemacht hat, kann wissen, wie er im Moment des Todes reagieren oder fühlen wird. Das ist unbekanntes Terrain.

Die Angst vor dem Tod ist nicht einfach nur Furcht vor dem Sterben, sondern sie hat sozusagen vier Hauptrichtungen: die Angst vor dem Unbekannten, die Angst vor der eigenen Auslöschung, die Angst vor Leiden und die Angst, geliebte Menschen alleine zurückzulassen. Eigentlich gibt es noch eine fünfte Kategorie, das ist die Angst vor der Angst. Hierzu gehört zum Beispiel die Vorstellung für eine längere Zeit – und da fühlen sich vermutlich schon ein paar Minuten lange an – in einem abstürzenden Flugzeug zu sitzen. Diese Kategorie verliert aber ihr Gewicht, wenn die anderen vier bearbeitet sind.

Wenn man sich der Angst vor dem Tod nähern will, dann muss man diese Teilaspekte ansehen. Lassen Sie uns mit der Angst vor der Auslöschung beginnen. Dafür kann es aus meiner Erfahrung sehr hilfreich sein, sich mit den Nahtoderlebnissen anderer Menschen auseinanderzusetzen. Es gibt gute Literatur dazu, beispielsweise von Elisabeth Kübler-Ross, die fast ihr ganzes Leben der Sterbeforschung widmete. Sehr empfehlen kann ich auch das Buch *Heilung im Licht* von Anita Moorjani. Darin schildert die Autorin autobiografisch ihr eigenes Nahtoderlebnis im Rahmen einer schweren Krebserkrankung. Inzwischen wird dieses Thema auch von einigen Schulwissenschaftlern ernsthaft untersucht und bestätigt, darunter dem niederländischen Herzprofessor Pim van Lommel, der über Nahtoderfahrungen von Patienten in der renommierten medizinischen Fachzeitschrift Lancet im Jahr 2001 einen viel beachteten Artikel publizierte. Alle Berichte über Menschen,

Schritt 3: Loslassen

die schon einmal (fast) gestorben sind, beschreiben sehr einhellig Erfahrungen außerhalb des Körpers, die nahe legen, dass unser Bewusstsein durch den Tod nicht stirbt, sondern nur seinen Bezugspunkt wechselt. Die Betroffenen schildern auch, dass im Moment des Todes Angst und Schmerzen verschwinden, und sie stattdessen von tiefer Liebe und Wohlgefühl umhüllt wurden. Jeder, der diese Erlebnisse hatte, sagte deshalb, dass er keine Angst mehr vor dem Sterben habe. Ich finde es zumindest beruhigend, dass alle, die es erlebt haben, es sozusagen jederzeit wieder machen würden.

> **TIPP: SIE SIND NICHT IHRE ANGST**
> Angst und Liebe sind wie Eis und Feuer. Sie können nicht nebeneinander existieren. Gleichzeitig sollen Sie aber Ihre Ängste annehmen und zulassen. Wie verträgt sich das? Sie können Ihre Ängste liebend annehmen, indem Sie Ihr Herz öffnen und das Gefühl der Angst zulassen. Das Eis kann so im Feuer der Liebe schmelzen. Sie sind nicht die Angst, sondern Sie haben nur Angst. Nur wenn Sie sich von Ihrer Angst einnehmen lassen, und Ihr Denken und Handeln von ihr bestimmt werden, dann verschließt sich Ihr Herz, und die Liebe wird ausgesperrt.

Was mich persönlich am meisten berührt, wenn ich mir vorstelle, jetzt zu sterben, ist der Gedanke, meinen Sohn auf der Welt alleine zurücklassen zu müssen. Deshalb habe ich mich mit diesem Gefühl immer wieder auseinandergesetzt. Mir ist dadurch auch klarer geworden, dass es in unserer Gesellschaft viele soziale Netze gibt, die selbst dann noch greifen würden, wenn kein einziger Verwandter mehr da wäre, der sich um ihn kümmern würde. Aber diese Situation ist sehr unwahrscheinlich, denn er ist bei meiner Frau in den liebevollsten und besten Händen, die ich mir vorstellen kann. Daneben hat er Großeltern und eine Tante, die alles für ihn geben würden. Ganz objektiv gesehen besteht also kein wirkliches Risiko. Okay, er müsste ohne leiblichen

Vater aufwachsen, aber das haben andere Kinder auch schon geschafft. Er ist ein starker Junge, er würde das bewältigen. Ein großer Teil meiner Angst bestand in der Vorstellung, ohne mich könne es nicht weitergehen. Aber das ist ein Irrtum. Der Tod trifft jeden, und das Leben geht immer weiter. Menschen trauern, und dann richten sie sich wieder auf und tun, was gerade ansteht. So ist der Lauf der Dinge.

Es bleibt noch die letzte Angst, die vor Schmerz und Leiden. Als Mediziner weiß ich, dass sehr viel möglich ist, um das Leiden bei schwerer Krankheit zu lindern. Es lässt sich jedoch nicht völlig ausschließen. Aber das gilt nicht nur für den Tod. Ich würde schätzen, dass der geringste Teil des menschlichen Leidens unmittelbar durch das eigene Sterben verursacht wird. Das meiste Leiden betrifft die, welche mitten im Leben stehen. Angst vor Leiden ist deshalb genau genommen Angst vor dem Leben. Khalil Gibran schreibt in seinem Buch *Der Prophet* sinngemäß: »Wenn du Angst vor den Leiden des Lebens hast, dann gehe besser dorthin, wo es keine Jahreszeiten gibt, wo du nichts spürst, wo alles seinen langweiligen, grauen Gang geht.« Die Angst vor dem Tod kann daher schlimmer sein als der Tod selbst. Sie wird dann quasi zum vorweggenommenen Siechtum.

Die Beschäftigung mit dem eigenen Tod war in vielen alten Mysterienschulen ein wichtiger Meilenstein auf dem Weg der Erkenntnis. Nur wer sich mit dem Tod auseinandersetzt, kann das Leben wirklich schätzen. Nehmen Sie sich einmal in Ruhe etwas Zeit, und denken Sie an Ihren eigenen Tod. Stellen Sie sich vor, wie es ist, wenn der letzte Atem aus Ihrem Körper entweicht, und alles still wird. Denken Sie daran, wie sich Ihr Körper langsam auflöst, und Sie wieder Nahrung für die Erde werden. Gehen Sie in Gedanken zu den Hinterbliebenen. Spüren Sie ihre Liebe und ihre Trauer. Und dann sehen Sie, wie die Menschen nach einiger Zeit wieder zu ihrem alten Leben zurückfinden. Fühlen Sie in sich hinein, ob Sie es zulassen können, dass die Lebenden auch ohne Sie glücklich sein dürfen.

Schritt 3: Loslassen

Wenn Sie einmal Ihre Angst vor dem Tod durchwandert haben, dann dürfte Ihnen klar werden, dass Sie eigentlich keine andere Angst mehr haben müssten. Was kann Ihnen jetzt noch Furcht einjagen? Die meisten Bedrohungen sind vergleichsweise Bagatellen.

Vielleicht fehlen Ihnen bei der Aufzählung noch die ganz alltäglichen Befürchtungen, beispielsweise die Angst vor Arbeitslosigkeit oder die Furcht vor Geldmangel im Alter. Wie sind diese Ängste einzuordnen?

Alle Ängste bestehen im Kern aus den drei genannten Formen. Nehmen wir zum Beispiel an, Sie hätten Angst, arbeitslos zu werden. Zum Ersten bestünde diese Angst aus Ihrer Unsicherheit darüber, was dann auf Sie zukommen kann, wie Sie mit der neuen Situation umgehen und ob Sie bald wieder einen neuen Arbeitsplatz finden. Zum Zweiten hätten Sie wohl Bedenken, dass Sie als Arbeitsloser von Ihren Mitmenschen weniger anerkannt und respektiert würden. Möglicherweise würden sich sogar »Freunde« von Ihnen abwenden. Vielleicht müssten Sie Statussymbole wie Auto oder Haus aufgeben. Zum Dritten wäre da die Angst vor dem Verlust Ihrer Existenz, also beispielsweise zu verhungern oder unter einer Brücke zu landen und damit auch Ihre Familie im Stich zu lassen. Jede Angst können Sie nach diesem Schema untersuchen und Sie werden immer wieder die drei Anteile wiederfinden.

Erlauben Sie Ihrer Angst, dass sie da sein darf, sie ist immer auch Ihr Freund, der Sie schützen möchte. Gehen sie liebevoll mit ihr um, spüren Sie genau hin, und lassen Sie die erlösten Gefühle los. Jeder Mensch hat Angst. Mut bedeutet nicht, keine Angst zu haben, sondern, trotz der Angst zu handeln. Und Furchtlosigkeit ist die völlige Akzeptanz aller Ängste. Machen Sie sich klar, vor welchen Kleinigkeiten Sie meistens Angst haben. Öffnen Sie sich dafür, dass Angst auch ungeahnte Kraft in Ihnen freisetzen kann.

SCHAM

Im Vergleich zur Angst wirkt Scham subtiler und im Verborgenen. Gerade die alten, frühkindlichen Schamgefühle sind uns meist gar nicht als solche bewusst, weil sie sich in der Tiefe verbergen, und wir an der Oberfläche nur Gefühle der Abwehr wahrnehmen. Wir werden dann wütend, kaltherzig oder verletzend, um uns vor den vernichtenden Gefühlen der Scham zu schützen. Vielleicht erkennen wir uns nach einer solchen Reaktion kaum wieder, und wundern uns, was uns da wohl geritten hat. Der Schutzmechanismus läuft unbewusst ab. Das heißt, wir spüren in der betreffenden Situation nicht die berührten Schamgefühle, sondern empfinden, dass uns der andere gerade verletzt hat und deshalb die Schuld an unseren schlechten Gefühlen trägt. Als Reaktion glauben wir, uns dagegen wehren oder davor fliehen zu müssen. Wie kommt das, und was ist Scham überhaupt?

Die tiefe Wurzel unserer Schamgefühle ist der Glaube, dass wir es nicht verdienen, geliebt zu werden. Wir meinen, Eigenschaften oder Besonderheiten zu haben, die es anderen Menschen unmöglich machen, uns zu lieben. Diese Überzeugung haben wir meist in der Kindheit erworben. Wir haben damals vielleicht erfahren, dass wir keine Liebe und Zuwendung bekamen – was schon schlimm genug ist. Aber aufgrund bestimmter Erlebnisse oder Aussagen von Erwachsenen haben wir darüber hinaus gefolgert, dass wir es überhaupt nicht Wert seien, geliebt zu werden. Daraus entstand die Schlussfolgerung, dass wir selbst daran schuld sind, dass uns niemand liebt. Und dass uns vielleicht sogar aus Prinzip niemand lieben könne, weil wir so unzureichend oder abstoßend sind.

Ich möchte Ihnen zum besseren Verständnis ein Beispiel aus meinem Leben schildern. Mein Vater wuchs in einer Familie auf, in der Berührungen vermieden wurden, weil einige Familienmitglieder seines Vaters Anfang des letzten Jahrhunderts an Tuberkulose verstorben waren. Mein Großvater war der Ansicht, dass man die Wiederholung einer solchen Tragödie nur durch Verzicht auf körperliche Kontakte

Schritt 3: Loslassen

verhindern könne, um auf diese Weise das Ansteckungsrisiko zu vermeiden. Er verbot daher sogar seiner Frau ihre kleinen Kinder zu liebkosen. Aus dem gleichen Grund durfte auch nicht zu Mehreren aus einem Glas oder einer Flasche getrunken werden. Bei meinem Vater hatte sich diese unmenschliche Erziehung von klein auf eingebrannt. Es war ihm später unmöglich, mich in den Arm zu nehmen, zu streicheln oder anderweitig zärtlich seine Liebe zum Ausdruck zu bringen. Und er trank auch nie aus einem Gefäß, das ich vorher berührt hatte. Für mich als kleines Kind war das völlig unverständlich, zumal sich auch niemand die Mühe machte, es mir zu erklären. Ich erinnere mich heute – nach dem späteren Aufdecken dieser Schamgefühle als Erwachsener – wieder daran, dass ich etwa im Alter von fünf Jahren neben ihm saß und dachte, er ekele sich furchtbar vor mir. Ich fühlte mich durch und durch abstoßend, weil irgendetwas an mir so schlimm sein musste, dass selbst mein Vater davor zurückschrak, mir nahe zu kommen.

Das ist sicher eine sehr spezielle Erfahrung. Es gibt aber auch andere, häufiger vorkommende Situationen, die zu tiefen Schamgefühlen führen können. Beispielsweise wenn Kinder von den Eltern immer wieder als dumm, unbegabt oder unmännlich bzw. unweiblich beschimpft wurden, oder wenn sie bezüglich ihrer Sexualität starke negative Bewertungen erfahren haben. Etwa wenn die Eltern sie beim Spielen mit den Genitalien ertappt hatten und darauf sehr ablehnend und schroff reagierten. Im kindlichen Gehirn wurde dann automatisch verknüpft, dass es nicht geliebt wird, weil etwas falsch an ihm ist.

Es gibt kaum eine verletzendere Art zu empfinden, dass man keine Liebe bekommt. Darüber hinaus erscheint die Situation auch noch ausweglos. Denn wenn wir uns aufgrund bestimmter unabänderlicher Eigenschaften als wertlos und abstoßend fühlen, dann können wir diesem Schicksal ja nicht mehr entfliehen. Für ein Kind ist der Entzug von Liebe immer lebensbedrohlich. Ohne Liebe keine Nähe, keine Versorgung, niemand der sich um es kümmert. Zumindest ist das die Gefahr, die so ein kleines Wesen wahrnimmt und fürchtet. Als Kind haben wir keine Möglichkeit, mit dieser Bedrohung umzugehen. Wir brauchen die Liebe der Erwachsenen auf Gedeih und Verderb. Wenn wir unsere Schamgefühle also damals in voller Stärke zugelassen und gefühlt hätten, dann wären wir innerlich wohl an ihnen zerbrochen.

Daher haben wir zu unserem Schutz dicke Mauern um die Scham errichtet, und sie in den tiefsten Kellern unseres Unbewussten vergraben. Vor die Eingangstüre postierten wir kampfstarke, aggressive Gefühle als Wächter, die jeden sofort angreifen, der auch nur den Anschein erweckt, in die Nähe dieses Verlieses zukommen. Zusätzlich haben wir vielleicht auch unser Verhalten angepasst, indem wir auch dort Wärter postierten, die ständig beobachten, was wir tun und uns warnen, wenn wir wieder ein Benehmen zeigen, das damals so streng kritisiert wurde. In der Sexualität, wo wir generell sehr verletzlich sind und daher immer nah an unsere Schamgefühle kommen, kann das auch dazu führen, dass wir befangen werden und es schwer haben, uns fallen zu lassen.

Wenn heute im Erwachsenenalter jemand an diesem Gefühl der Wertlosigkeit und des Versagens in uns rührt, dann werden immer noch die kindlichen Verdrängungsprogramme aktiv, denn für sie sind wir bis heute Kind geblieben. Die alten Wärter springen sofort an, wenn ein Mensch uns auf irgendeine Weise vor Augen führen könnte, dass wir einen Mangel haben, der in Richtung der verdrängten Scham zielt. Sie beschützen unsere kindliche Schwäche, und wir reagieren sofort mit Ablehnung, Wut, Aggression oder Flucht, um unser Gegenüber davon abzuhalten, tiefer in die eingekerkerten Schamgefühle vorzudringen. Damit bewahren wir uns davor, die gefürchtete Scham fühlen zu müssen.

Außerdem bringt uns das unbewusste Gefühl der Wertlosigkeit dazu, dass wir ständig versuchen, durch Dinge im Außen unseren Wert zu erhöhen. Wir möchten gerne die Lücke dort füllen, wo unsere Scham den Mangel empfindet. Das heißt wir wollen uns durch Erfolg, Karriere, Titel, Besitz, Geld, gutes Aussehen, dicke Muskeln und ähnliche Merkmale die Liebe verdienen, derer wir uns sonst nicht Wert fühlen. Das

Schritt 3: Loslassen

kann den inneren Mangel aber nur kurzfristig kaschieren und führt zu einem unablässigen Kampf um Ansehen und Bestätigung. Wenn wir diesen Zusammenhang nicht aufdecken, und die Liebe und unsere Liebenswürdigkeit in uns selbst nicht finden, dann laufen wir der imaginären Karotte vor unserer Nase ein Leben lang hinterher.

Wie kommt man an seine Schamgefühle also heran? Es gibt nur eine Möglichkeit: fühlen, was da ist. Also im Moment der Berührung weder weglaufen noch kämpfen, sondern innerlich stehen bleiben, atmen und spüren. In der Praxis handelt es sich häufig um Situationen mit gewisser Dynamik, in denen man nicht so einfach anhalten kann. Entweder wir sind in einem Gespräch, wo wir plötzlich die aufkommende Wut spüren. Oder wir befinden uns beispielsweise in einer intimen Situation, wo etwas in uns berührt wird, das uns zu schaffen macht. Dann müssen Sie vielleicht die Situation unauffällig verlassen, um in ihr Gefühl gehen zu können, ohne ihr Gegenüber vor den Kopf zu stoßen. Gehen sie beispielsweise auf die Toilette, um ungestört zu sein, und fühlen sie dort in sich hinein, was sie berührt. Sie werden anfangs nur die Wut oder die Ablehnung fühlen können. Bleiben Sie genau an diesem Gefühl dran. Fühlen Sie Schmerz, Anspannung, Druck oder was immer in den Fokus Ihres Bewusstseins kommen möchte, und lassen Sie Ihren Atem genau dorthin in den Körper fließen und dann atmen, atmen, atmen... Wenn sie durch die Wächtergefühle hindurch gegangen sind, dann taucht dahinter die Angst und Unsicherheit Ihrer Scham auf. Sie können mit diesen Gefühlen auf gleiche Weise fortfahren. Das klappt vielleicht nicht alles gleich beim ersten Mal, haben Sie Geduld. Meist sind mehrere Anläufe notwendig. Lassen Sie alle Gefühle zu, und geben Sie ihnen genug Raum. Es ist Ihr inneres Kind, mit dem Sie dadurch Kontakt aufnehmen. Halten Sie es geistig im Arm, und trösten Sie es. Jetzt braucht es sich vor den Schamgefühlen nicht mehr zu fürchten, weil Sie es ja als Erwachsener versorgen und lieben können. Die Gefühle sind vielleicht immer noch unangenehm, aber sie haben den lebensbedrohlichen Charakter verloren.

Später werden Sie in ähnlichen Situationen die Gefühle der Scham direkt spüren, ohne dass die Wächter vorher aktiv werden, und mit der Zeit werden sie immer schwächer werden. Vielleicht wird die Scham nie ganz verschwinden. Aber wenn Sie liebevoll zulassen und annehmen, dass diese Gefühle da sein dürfen, dann werden sie nicht mehr kontrollierend in Ihr Leben eingreifen. Alle Menschen haben Schamgefühle. Einige davon sind sinnvoll, um unsere gesellschaftlichen Konventionen besser einhalten zu können, und so das Zusammenleben zu erleichtern. Es geht nicht darum, alle Scham abzulegen, sondern sich der damit verbundenen Gefühle bewusst zu werden, und ihnen nicht die Kontrolle zu überlassen.

Schritt 3: Loslassen

ZUSAMMENFASSUNG

- Lassen Sie los, was Sie beschränkt und behindert. An erster Stelle steht Ihre Überzeugung, dass Sie zu wissen glauben, was richtig oder falsch sei.
- Seien Sie offen dafür, dass sich die Dinge anders entwickeln können, als Sie sich das vorstellen.
- Es lohnt sich daher auch nie, darauf zu bestehen, Recht zu haben. Das ist nur eine Falle des Egos. Was wollen Sie lieber behalten: Recht oder Ihre Freunde?
- Machen Sie sich frei von der Meinung anderer Menschen. Je weniger Sie über andere und sich selbst urteilen, desto großzügiger werden auch Sie selbst beurteilt.
- Sie sind selbst Ihr strengster Richter. Lassen Sie Milde walten.
- An alten Wunden festzuhalten, bedeutet, sich in eine Opferrolle zu begeben und nach hinten in die Vergangenheit zu blicken. Das Leben kommt immer von vorne.
- Aus ewigen Vorwürfen und fehlender Vergebung sind die Kerkermauern der Hölle gebaut. Hören Sie damit auf, sich selbst zu foltern.
- Ihr Leben bestreiten Sie zusammen mit Ihrem Lebenspartner und Ihren Freunden. Die Auswahl dieses Teams ist wichtig für Ihr eigenes Wohlbefinden und Ihr Wachstum. Lassen Sie Beziehungen los, die Sie schwächen und aussaugen.
- Angst und Liebe können nicht gleichzeitig Ihr Leben bestimmen. Deshalb ist es wichtig, seine Ängste zu heilen.
- Ihre Angst ist ein kleiner schwacher Freund, der Sie beschützen will. Nehmen Sie ihn in den Arm, sodass er sich sicher fühlt.
- Wenn Sie einmal die Angst vor dem Tod durchwandert haben, dann gibt es wenig, vor dem Sie sich noch fürchten müssten.
- Hinter starker Wut und Ablehnung können sich alte Schamgefühle verbergen. Dann bitte innerlich stehen bleiben, atmen und spüren.

Umsetzung: LeLiLo in Aktion

*»In jedem Moment offen zu sein für das, was geschieht,
so bewegt man sich wie ein geschickter Schwimmer
durch die Strömungen des Lebens.«*

Die Verbindung der drei Schritte

Jetzt wissen Sie, was die drei Schritte Leben, Lieben und Loslassen (LeLiLo) beinhalten und wie man jeden für sich anwenden kann. Sicher gäbe es noch sehr viel mehr zu erzählen, aber Worte allein bewirken wenig. Im Zen sagt man: »Der Finger, der zum Mond zeigt, ist nicht der Mond.« Worte können nur den Weg weisen, und mehr Worte bedeuten nur einen längeren Finger. Gehen müssen Sie den Weg selbst. Schritt für Schritt. In diesem vorletzten Kapitel möchte ich noch ein paar wichtige Zusammenhänge darlegen und schließlich das Buch mit praktischen Beispielen abrunden.

Vielleicht haben Sie in den vorangegangenen Kapiteln schon darüber nachgedacht, dass die drei Schritte in der Tiefe eigentlich miteinander verbunden sind. Das Annehmen des Lebens fällt leichter, wenn man seine Vorbehalte und Glaubensmuster loslassen kann und sein Herz für die Situation öffnet. Liebe wird spielerisch, wenn ich Menschen so annehme, wie sie sind, mit allen ihren Stärken und Schwächen, und wenn ich nicht an ihnen klebe, sondern sie loslassen und ihnen genügend Platz für ihr eigenes Leben lassen kann. Khalil Gibran rät den Liebenden: »Macht die Liebe nicht zur Fessel, sondern lasst Raum zwischen euch, und lasst die Winde des Himmels zwischen euch tanzen.« Schließlich kann man auch leichter loslassen, wenn man wirklich liebt und die Dinge annimmt. Denn dann vertraut man dem Leben und wünscht allen nur das Beste.

Umsetzung: LeLiLo in Aktion

Im Kern geht es bei jedem Aspekt von LeLiLo darum, sein Herz zu öffnen und hinzuspüren. Öffnen für das, was gerade passiert, öffnen für Neues, öffnen für Veränderung, öffnen für andere Meinungen, öffnen für eigene Irrtümer, öffnen für Gefühle, öffnen für sich selbst und für andere Menschen. Dieses Öffnen beinhaltet eigentlich alles, worum es geht. In jedem Moment offen zu sein für das, was geschieht, und alle Gefühle in sich wahrzunehmen. Atmen und spüren. So bewegt man sich wie ein geschickter Schwimmer durch die Strömungen des Lebens. Mit wenig Widerstand gleitet man durch die Fluten, nutzt die Bewegungen des Wassers und schwimmt nur im Notfall kurz gegen den Strom.

Es gibt kein Müssen

Ich möchte einem sehr wichtigen und äußerst grundlegenden Missverständnis vorbeugen. Wenn Sie jetzt ständig durch die Gegend liefen und dächten »Ich muss annehmen!« »Ich muss respektieren!« »Ich muss loslassen!«, dann wären Sie deutlich am Ziel vorbei geschossen. Ich weiß, Sie wollen nur das Beste: Schnell Fortschritte machen und ein besserer Mensch werden. Aber mit dem Gedanken, sich ändern zu müssen, bringen Sie zum Ausdruck, dass etwas mit Ihnen nicht stimmt und dass Sie sich so, wie Sie sind, nicht akzeptieren.[6] Also, bitte langsam mit den jungen Pferden. Sie können nichts erzwingen. Der Philosoph Alan Watts schrieb: »Der Mensch entwickelt sich eher durch Wachsen als durch Selbstverbesserung, so wie aus dem Samenkorn der Baum wird. Der Baum ist kein verbessertes Samenkorn.« Sie müssen sich also nicht verbessern, sondern können durch bewusstes Handeln und Fühlen Ihr persönliches Wachstum erleichtern und beschleunigen, indem Sie ihm vor allem nicht mehr im Weg stehen.

Worauf es im Wesentlichen ankommt, ist Ihre ehrliche Absicht und das Fühlen der Widerstände, die sich dabei ergeben. Durch Ihr bewusstes Empfinden heilen Sie Ihre inneren Beschränkungen. Wie alles andere ist das eine Frage der Übung, das heißt der regelmäßigen Anwendung. Am Anfang sind unsere Fähigkeiten, das Herz zu öffnen und das Leben anzunehmen wie ein Bein, das monatelang im Gips lag. Die Muskeln sind verkümmert, die Gelenke steif, weil alle Bänder und Gelenkkapseln geschrumpft sind. Ich hatte vor vielen Jahren eine Verletzung am Sprunggelenk, und als nach sechs Wochen der Gips abgenommen

---

[6] »Ich muss mich selbst annehmen!« heißt übersetzt so viel wie: »Derzeit kann ich mich noch nicht annehmen, weil ich mich noch nicht annehmen kann.« Es ist ein Paradoxon, so ähnlich wie das berühmte Beispiel von Epimenides. Ihm wird der Satz zugeschrieben »Alle Kreter sind notorische Lügner.« Da er selbst von der Insel Kreta stammte, entsteht ein logischer Widerspruch, denn wenn der Satz wahr wäre, dann hätte er ihn als Lügner nicht sagen dürfen und umgekehrt. Diese Art von Paradoxien taucht auf spirituellen Wegen immer auf. Denn man soll etwas erreichen, ohne es anstreben zu dürfen. Einzige Abhilfe: Verstand ausschalten und mit dem Leben weitermachen.

wurde, konnte ich das Gelenk am Knöchel kaum noch bewegen. Vor allem war es mir nicht mehr möglich, tief in die Hocke zu gehen. Ich versuchte täglich für einige Minuten, immer weiter hinunterzukommen. Bei meiner Übung spürte ich den Widerstand im Gelenk als stechenden Schmerz. Indem ich sanft aber bestimmt in den Schmerz hineinging, soweit ich es ertragen konnte, dehnte ich langsam die verhärteten Bänder. Mit Strichen markierte ich auf einem Türrahmen meine Fortschritte, meist nur ein paar Millimeter am Tag. So übte ich einige Monate lang, aber schließlich hatte ich es geschafft und kann mich seither wieder leichten Schrittes durch die Welt bewegen.

So in etwa funktioniert auch die Anwendung von LeLiLo im Alltag. Sie entscheiden sich dafür und handeln, soweit es Ihnen möglich ist. Kein Urteil über sich selbst. Alles ist gut so, wie es ist. Sie tun immer nur Ihr Bestes. Spüren Sie den Widerstand, lassen Sie ihn zu, und gehen Sie mit Ihrem Atem in das Gefühl hinein. Was Sie bemerken, sind alte Verhärtungen und emotionale Krusten, die als Folge von Verletzungen in Ihrem Leben entstanden sind. Das ist im Prinzip genau die gleiche Übung wie bei meinem Sprunggelenk. Indem Sie immer wieder tun, was Sie können, und den Schmerz spüren, dehnen Sie die geistigen Bänder und werden innerlich geschmeidig und biegsam. Es wird auch Tage oder Wochen geben, in denen Sie den Eindruck haben, es ginge nicht mehr vorwärts, oder Sie machten sogar Rückschritte. Das ist völlig in Ordnung. Akzeptieren Sie dies liebevoll und fühlen Sie, was in Ihnen geschieht. Es ist kein Wettbewerb, in dem es etwas zu gewinnen gäbe.

Wenn es Ihnen zum Beispiel partout nicht gelingt, eine Situation anzunehmen, dann öffnen Sie sich genau für diesen Umstand. Wenn Sie dann merken, dass Sie sich dem auch nicht öffnen können, dann akzeptieren Sie genau diese Blockade. Fühlen Sie hin, was Sie daran hindert, das Nicht-Annehmen annehmen zu können. Sie können auf jeder Ebene einsteigen, und bitte bleiben Sie spielerisch. Das Leben wird uns so schon ernst genug gemacht.

GLEICHZEITIG ANNEHMEN UND VERÄNDERN

Eine Frage, die jeden von uns bewegt, wenn es um das Annehmen unserer Lebensumstände geht, ist: Wie erreiche ich die Balance, gleichzeitig unangenehme Situationen zu akzeptieren und etwas an ihnen zu ändern? Es klingt nach einem Widerspruch, aber wenn Sie das Buch bis hierhin aufmerksam gelesen haben, dann wissen Sie vielleicht schon, dass Sie, ohne es anzunehmen, gar nichts im Leben wirklich verändern können.

Es gibt im Prinzip nur drei Wege, wie Veränderung in unserem Leben entstehen kann:

- Durch unser Handeln.
- Durch die Art, wie andere Menschen auf uns reagieren.
- Indem wir die Welt um uns herum durch unser Sosein erschaffen.

Alle drei Wege beruhen aber auf den gleichen Grundpfeilern. Diese Pfeiler sind unsere Gefühle, die wiederum aus mehr oder (meist) weniger bewussten Gedanken entstehen. Zum Ersten entspringen unser Handeln und unsere Worte dem, was wir denken und fühlen. Zum Zweiten reagieren andere Menschen entweder auf das, was wir sagen und tun, oder sie fühlen unsere emotionale Ausstrahlung. Und zum Dritten sind wir Schöpfer unserer Realität, weil wir in der Tiefe unseres Seins durch unsere Seele mit der ganzen Welt verbunden sind. Das könnte man sogar als eine physikalische Tatsache bezeichnen.[7]

---

[7] Bitte lesen Sie hierzu auch den Abschnitt »Realität« im Kapitel »Loslassen«. Ich möchte an dieser Stelle nur beispielhaft Erwin Schrödinger zitieren, den berühmten Entdecker der mathematischen Quantenformel. Er schreibt in seinem Buch *Materie und Geist*: »Der Grund dafür, dass unser fühlendes, wahrnehmendes und denkendes Ich in unserem naturwissenschaftlichen Weltbild nirgends auftritt, kann leicht in fünf Worten ausgedrückt werden: Es ist selbst dieses Weltbild. Es ist mit dem Ganzen identisch und kann deshalb nicht als Teil darin enthalten sein.«

Wegen dieser Verbundenheit mit allem ziehen wir genau das an, was wir aussenden. Die gesendeten Informationen sind unsere emotionalen Schwingungen. Genau genommen erschafft unsere Seele so lange immer wieder ähnliche Umstände, die den gleichen Gefühlen entsprechen, bis wir bereit sind, diese Gefühle anzunehmen und zu spüren.

Das bedeutet, die Welt um uns herum spiegelt unsere unerlöste Gefühlswelt. Sie zeigt uns, was wir im Verborgenen fühlen und wirkt dadurch als Verstärker für das, was wir sonst nicht wahrnehmen würden. Unsere Seele möchte fühlen und führt uns so lange in entsprechende Situationen, bis wir bereit sind, unser Herz dem Gefühl zu öffnen. Wir werden auf diese Weise immer wieder und von Mal zu Mal fester mit der Nase darauf gestoßen: »Schau hin, öffne dein Herz und fühle!« Wenn man das nicht weiß, dann läuft man Gefahr, den immer stärker werdenden unangenehmen Gefühlen solange auszuweichen, bis irgendwann kein Ausweg mehr übrig bleibt. Je aufmerksamer Sie bei Ihren Gefühlen bleiben, desto weniger dramatisch müssen sich die Umstände gestalten.

Wenn Sie sich Ziele für Ihr Leben vornehmen, dann achten Sie bitte genau darauf, was Sie fühlen, wenn Sie sich gedanklich in die erwünschte Situation hinein versetzen. Stellen Sie sich mit allen Sinnen vor, dass Sie das Gewünschte bereits erreicht haben. Wo sind Sie dann? Was machen Sie genau? Mit welchen Menschen sind Sie zusammen? Was hören, schmecken oder riechen Sie? Und dann fühlen Sie in sich hinein, ob das stimmig ist. Gibt es ein ungutes Gefühl oder eine innere Stimme, die Ihnen etwas zuflüstert? So kommen Sie Ihren Widerständen näher, die verhindern, dass Ihr Ziel wirklich erreicht werden kann. Wobei natürlich die Frage noch offen ist, ob der erwünschte Zustand überhaupt gut für Sie wäre. Auch darüber können Ihnen nur Ihre Gefühle und Ihre innere Stimme Auskunft geben.

Sie können nichts erzwingen. Durch Zwang weichen Dinge und Menschen vor Ihnen zurück. Natürlich mag es helfen, die bestmöglichen Bedingungen zu schaffen. Sie können sich informieren, Umstände arrangieren und Kontakte knüpfen, was immer Sie als förderlich erachten, um Ihr Ziel zu erreichen. Aber zum Schluss müssen Sie loslassen. Es ist wie beim Bowling. Sie schleudern die Kugel bestmöglich, aber Sie können sie nicht bis zu den Kegeln tragen. Wenn Sie nicht rechtzeitig loslassen, dann fällt Ihnen das schwere Ding auf die Zehen. Und wenn die Kugel schließlich rollt, dann schauen Sie einfach nur zu. Es gibt sonst nichts mehr zu tun. Lassen Sie Ihren Wunsch fliegen wie einen Vogel, und vergessen sie ihn anschließend am besten gleich wieder. Irgendwann, wenn die Zeit reif ist, wird er zu Ihnen zurückfinden.

Wenn Sie sich und Ihre Lebensumstände also heilen wollen, dann ist der wirksamste Weg, sie anzunehmen und die verbundenen Gefühle durch Ihr bewusstes Empfinden zu heilen. Nur so schaffen Sie die besten Voraussetzungen dafür, Ihre wahren Bedürfnisse aufzuspüren und Ihre Wünsche zur Erfüllung bringen zu können.

Sein im Hier und Jetzt

Ich habe lange überlegt, ob ich dieses Thema mit in das Buch aufnehmen soll, denn ich vermute, dass sich viele Leser schon mit Meditation und Achtsamkeit auseinandergesetzt haben und wissen, dass es darauf ankommt, möglichst oft im Augenblick zu verweilen. Aber ich kam zu dem Schluss, dass es auf keinen Fall schadet, sich die Wichtigkeit dieses Aspekts noch einmal ins Gedächtnis zu rufen. Außerdem gibt es den einen oder anderen, der damit vielleicht noch wenig Berührung hatte.

In unserer Kultur halten wir es für selbstverständlich, dass Zeit sich in Gegenwart, Vergangenheit und Zukunft unterteilt. Unsere Erfahrungen scheinen das dreiteilige Konzept immer wieder zu bestätigen. Wir haben schließlich Erinnerungen an unserer Geschichte, sowohl die persönliche als auch die unserer Gesellschaft, und wir wissen, dass unser Heute gestern noch in der Zukunft lag. Wir kennen im Leben viele Situationen, in denen wir gespannt auf ein zukünftiges Ereignis warteten, zum Beispiel schon als Kinder mit vor Aufregung geröteten Wangen auf den Weihnachtsmann.

Aber es gibt auch ein alternatives Konzept der Zeit, das für unseren Alltag viel hilfreicher ist, weil es der wahren Natur des Lebens deutlich näher kommt. Dieses besagt, dass es immer nur den gegenwärtigen Moment gibt. Wie kann man sich das vorstellen? Nehmen Sie zum Beispiel die Vergangenheit. Was ist Vergangenheit überhaupt? Sie besteht aus Erinnerungen und Aufzeichnungen über Ereignisse, die sich vermutlich so oder auch anders abgespielt haben.

Vergangenheit ist vergleichbar mit Fußspuren im feuchten Sand, die Sie morgens beim Strandspaziergang entdecken. Sie können daraus Rückschlüsse ziehen über Ereignisse, die zu diesen Spuren geführt haben könnten. War es ein Mann oder eine Frau? Schwer oder leicht? Wollte die Person Muscheln suchen, joggen oder nur spazieren gehen? Was in diesem Moment am Strand von dieser Szene wirklich existiert, sind aber nur zwei Dinge: die Spuren und Ihr Verstand mit seinen Vermutungen. Das ist genau genommen alles, was Vergangenheit ausmacht: Spuren und Gedanken dazu. Wenn sie einen Tag später am Strand entlang spaziert wären, dann hätte das Meer die Spuren schon weggewischt gehabt. Keine Spuren, keine Vermutungen, keine Vergangenheit. Deshalb können Personen das gleiche Ereignis völlig unterschiedlich in Erinnerung haben.

Ähnlich verhält es sich mit der Zukunft. Die Zukunft besteht in diesem Augenblick nur aus Gedanken über erwartete Ereignisse. Diese Gedanken beruhen auf Erinnerungen an frühere Ereignisse, also wie Fußspuren, die in unseren Gehirnen davon zurückgeblieben sind. Eine völlig neue Zukunft können wir uns deshalb nicht ausdenken, weil wir nur die alten Spuren in die Zukunft verlängern.

Alles, was vom dreigeteilten Konzept der Zeit somit übrig bleibt, sind der jetzige Moment und unsere Gedanken, die wir in diesem Augenblick denken; Vermutungen, die wir über Vergangenheit und Zukunft anstellen. Aber unser Leben findet immer nur *jetzt* statt. Atmen, Denken, Fühlen, Sprechen, Handeln, alles geschieht *jetzt*.

Sie können Ihr Leben nicht in der Vergangenheit annehmen, sondern nur immer in diesem Moment. Wenn Sie die Vergangenheit annehmen wollen, dann nehmen Sie genau genommen nur die Gedanken an, die Sie über die Vergangenheit jetzt denken. Die Schmerzen über vergangene Ereignisse sind Schmerzen aufgrund von Gedanken und Vorstellungen darüber, was Sie jetzt glauben, dass früher einmal passiert ist.

Auch Lieben und Loslassen funktionieren nur im gegenwärtigen Moment. Wenn Sie sich also dazu entschlossen haben, Ihr Leben zu leben und zum Fliegen zu bringen, dann geht das nur hier und jetzt. Sie sitzen als Pilot im Cockpit. Wenn Sie mit den Gedanken ständig in Vergangenheit oder Zukunft sind, dann übernimmt währenddessen der Autopilot das Ruder. Und der kennt nur eine Richtung: immer geradeaus. Wer weiß, wo Sie dann landen?

Umsetzung: LeLiLo in Aktion

Natürlich dürfen Sie trotzdem über Vergangenheit und Zukunft nachdenken. Für die Lebensplanung ist das manchmal sogar unerlässlich. Sie wollen schließlich aus Ihren »Fehlern« lernen oder auch Ziele für die Zukunft setzen; alles in Ordnung. Wenn Sie auf diese Weise Ihren Verstand bewusst als Werkzeug einsetzen, prima. Aber wenn das Nachdenken erledigt ist, dann geht das Leben wieder weiter. Lassen Sie nicht zu, dass Grübeleien die Kontrolle übernehmen, oder seien Sie sich zumindest des Grübelns voll bewusst. Beobachten sie es und spüren genau hin, was es für Gefühle in Ihnen auslöst. Auch das Grübeln können Sie achtsam annehmen und so liebevoll auflösen.

Jetzt, da ihnen die Bedeutung des gegenwärtigen Moments für Ihr Leben klar ist, stellt sich die Frage, wie man es macht, immer im Jetzt zu sein. Auch das ist ein Weg in kleinen Schritten, der mit Ihrer Absicht beginnt. Ich würde Ihnen raten, jeden Tag mindestens fünf oder zehn Minuten einzubauen, in denen Sie ganz bei sich sind. Das kann zum Beispiel morgens sein, kurz vor dem Aufstehen, oder im Auto auf dem Parkplatz, bevor Sie ins Büro gehen. Achten Sie in dieser Zeit genau darauf, was in Ihnen vorgeht. Sie können bei den Füßen beginnen und mit Ihrem Fokus langsam die Beine herauf wandern. Achten Sie auf jede Anspannung und jeden Schmerz. Fühlen sie den Druck, mit dem Ihr Körper auf dem Bett oder der Sitzunterlage aufliegt. Dann steigen Sie langsam durch den Bauch in die Brust und zu den Schultern, immer ganz im Fühlen verweilend. Dann wandern Sie weiter die Arme zu den Händen hinunter und wieder zurück zu den Schultern. Achten Sie besonders hier auf Spannung und Druck. Dann geht es weiter den Hals hinauf, über den Nacken und Hinterkopf zum Gesicht. Fühlen Sie die Muskeln in Ihrem Gesicht. Wie ist Ihr Gesichtsausdruck? Lächeln Sie? Dann achten Sie darauf, wie der Atem durch Ihre Nase fließt. Spüren Sie wie die Luft an den Nasenlöchern kühl vorbei streicht und dann in Brust und Bauch hinab fließt. Bleiben sie mit der Aufmerksamkeit für zwanzig Atemzüge bei Ihrem Atem, ohne ihn zu verändern.

Ihr Atem ist ein hervorragender Ankerpunkt, durch den Sie jederzeit während des Tages in das Hier und Jetzt zurückkehren können. Immer wenn Sie merken, dass Sie abschweifen oder Ihre Gefühle mit Ihnen durchgehen, achten Sie auf Ihren Atem. Unser Körper und seine Funktionen sind immer im Jetzt verankert. Indem Sie Ihren Atem wahrnehmen, kehren Sie automatisch dorthin zurück. Verfolgen Sie, wie er in Wellen durch Ihre Nase bis in den Bauch und wieder zurück fließt. Mit jedem Atemzug hebt und senkt sich Ihr Bauch. Eine sehr einfache aber wirksame Übung ist, auf diese Weise eine Zeit lang nur Ihren Atem wahrzunehmen, und jeden Atemzug zu zählen. Sie fangen bei eins an und zählen jedes Ausatmen, bis Sie bei zehn angekommen sind. Dann beginnen Sie wieder von vorne. Wenn Sie gedanklich abschweifen, merken Sie es daran, dass Sie vergessen, weiterzuzählen. Dann bitte einfach wieder von vorne beginnen.

Als weitere sehr praktische Alltagsübung empfehle ich Ihnen, bei allen Gesprächen immer quasi mit einem Ohr im eigenen Körper zu bleiben. Achten Sie darauf was in Ihnen passiert, während Sie zuhören oder sprechen. Dadurch merken Sie viel früher, wenn in Ihnen ein wunder Punkt berührt wird, und Sie können sich dieser Sache dann sofort einfühlend annehmen, bevor Sie von Emotionen übermannt werden.

Scheinheiligkeit

Auf Ihrem Weg zu sich selbst und Ihrer Seele gibt es eine Hürde, die im Verlauf der Reise sehr wahrscheinlich auftauchen wird. Ich nenne sie das »heilige Ego«. Je mehr Sie Ihr Leben in Achtsamkeit und im Fühlen leben, desto näher kommen Sie Ihrer Seele. Sie werden dort eine Kraft und Liebe vorfinden, die Sie vermutlich nicht für möglich gehalten haben. Besonders zu Anfang können Sie ungeahnte Hochgefühle erleben, und vielleicht entdecken Sie in sich Fähigkeiten, die über das »normale« menschliche Maß hinausgehen. Möglicherweise werden Sie spüren können, was in anderen Menschen vorgeht oder Blicke in die Zukunft erhaschen, oder Sie werden erleben, dass Sie Menschen heilen können, indem Sie nur einen kleinen Teil Ihrer Liebe und Kraft weitergeben.

Ihr Ego, also der Teil von Ihnen, der nach Macht, Ansehen und Kontrolle strebt, würde sich diese Fähigkeiten gerne als eigene Leistung anheften. Sie denken dann, Sie seien etwas Besonderes, weil Sie diese Kraft und diese Fähigkeiten haben, die andere Menschen in Ihrer Umgebung offensichtlich nicht teilen. Darin liegt eine nicht zu unterschätzende Gefahr für Ihre weitere Entwicklung. Sie sind auf jeden Fall etwas ganz Besonderes, daran besteht kein Zweifel. Aber das gilt für jeden Menschen. Jeder von uns trägt auf einzigartige Weise den Kern der göttlichen Kraft in sich.

Dass Sie zeitlich vor den anderen den Zugang dazu gefunden haben, ist aber kein Verdienst Ihres Egos, sondern eine Gnade des göttlichen Geistes. Es bedeutet Demut, zu erkennen, dass Sie gleichzeitig göttliche Kräfte in sich tragen und doch nur ein kleiner Teil des Ganzen sind. Es gibt ein sehr schönes Sprichwort aus dem mystischen Judentum dazu: »Du sollst stets zwei Bedenktafeln bei dir tragen. Auf der einen steht: Du bist nichts als Staub. Auf der anderen: Die Welt ist nur für dich gemacht.« Demut bedeutet, die Vorstellung von der Überlegenheit des eigenen Egos in seinen Gedanken zu erkennen und sie immer wieder liebevoll aber bestimmt in die Schranken zu weisen.

Auch die Heiligkeit der Kraft in Ihnen sollten Sie nicht als etwas Abgehobenes verstehen. Die göttliche Heiligkeit ist nichts, was über den Dingen schwebt, sondern eine Energie, die alles vollkommen durchdringt. Das ist mit dem Bibelwort »Ich bin das Alpha und das Omega« gemeint, also vom Anfang bis zum Ende reichend. Heilig bedeutet ganz zu sein, Himmel und Erde miteinander zu verbinden. Der Künstler Joseph Beuys sagte dazu: »Das Mysterium findet am Hauptbahnhof statt.« Im Zen heißt es: »Der Buddha ist ein getrockneter Kotstock.«[8] Beides besagt, das Göttliche ist überall, also sogar im scheinbar Hässlichen oder Ekelhaften zu finden. Heiligkeit ist das normale Leben; immer mit beiden Beinen auf der Erde. Schlafen, essen, Kinder versorgen, Liebe machen, spielen, zur Arbeit fahren, putzen und aufs Klo gehen. Alles ist heilig, wenn wir uns der Seele geöffnet haben.

Das heilige Ego zu vermeiden, bedeutet also, die Gedanken der eigenen Besonderheit immer bewusst und gütig wahrzunehmen, ihnen keine Bedeutung beizumessen und ein völlig normales, geerdetes Leben zu führen.

---

[8] Das berühmte Zitat stammt vom chinesischen Zenmeister Ummon aus dem zehnten Jahrhundert. Der Kotstock wurde der Überlieferung nach als Ersatz für das noch nicht erfundene Klopapier verwendet, um damit nach dem Geschäft eine grobe Reinigung vorzunehmen. Ummon hat den Buddha also quasi mit benutztem Toilettenpapier gleichgesetzt.

Praxis: Beispiele

*»Sie können Ihr Leben nicht
in der Vergangenheit oder Zukunft annehmen,
sondern nur immer in diesem Moment.«*

Nachfolgend schildere ich Ihnen einige typische Beispiele aus dem Alltag, mit deren Hilfe demonstriert werden soll, wie Sie mit LeLiLo mehr Leichtigkeit und Freude in Ihr Leben bringen können. Aus didaktischen Gründen werde ich bei jedem Beispiel die drei Schritte explizit voneinander unterscheiden. In der Realität gehen die verschiedenen Aspekte aber meist direkt Hand in Hand.

Auf der Autobahn

Irgendwo habe ich einmal gelesen: »Wenn du wissen willst, wo jemand in seiner geistigen Entwicklung steht, dann fahre bei ihm im Auto mit.« Ich musste damals unwillkürlich schmunzeln, weil ich mir lebhaft vorstellte, wie ein »erleuchteter« weißbärtiger Guru in wallenden Gewändern fluchend, hupend und wild gestikulierend mit seinem Auto im Verkehrsgewühl einer indischen Metropole steckt.

Unser Auto ist etwas ganz besonderes. Es erweitert gewissermaßen das Ego. Das merkt man zum Beispiel daran, wie die Menschen darüber sprechen: »Ich parke auf der anderen Straßenseite.« Bitte, wer parkt da? Das Auto oder Sie selbst? Gleichzeitig verdecken die Blechkisten die menschliche Identität der anderen Autofahrer. Man sieht nicht, wer darin sitzt. Das macht die ganze Sache sehr anonym. Diese beiden Komponenten – Egoerweiterung und Anonymität – ergeben eine explosive Mischung. Deshalb ist Autofahren eine hervorragende Übung, wenn man eigene wunde Punkte aufspüren möchte.

Gerade auf der Autobahn gibt es viele Störfaktoren, die uns herausfordern: Jemand fährt zu langsam oder zu schnell, von hinten kommt ein Drängler, ein anderes Auto überholt auf der rechten Spur, und Baustellen oder Staus bremsen uns im Vorwärtsdrang. Perfekt geeignet, um LeLiLo zu üben.

Ich nehme ein Beispiel, das bei mir selbst in der Vergangenheit am stärksten wirkte: Jemand fährt vor mir ausgesprochen langsam, und ich kann nicht überholen. Früher ist mir in solchen Situationen die Hutschnur gerissen, und ich habe dann irgendwann in absolut waghalsigen und gefährlichen Manövern doch überholt. Damals war ich überzeugt, der Autofahrer vor mir wolle mich absichtlich ärgern. Kurz danach fragte ich mich immer, welcher Teufel mich da wohl geritten hatte.

Also sehen wir uns die drei LeLiLo Schritte in Kombination hier an.

Leben:

Sie nehmen die Situation an, dass Sie hinter einem langsameren Auto herfahren müssen. Im Idealfall sind Sie beim Autofahren immer mit einem Fühler in sich selbst und bemerken dadurch die innere Anspannung schon sehr früh, wenn beispielsweise jemand vor Ihnen den Verkehr aufhält. Sie spüren die Unzufriedenheit darüber, dass Sie daran gehindert werden, so schnell zu fahren, wie Sie das gerne möchten. Mit Ihrer Wahrnehmung gehen Sie an die Körperstellen, wo Sie Druck, Schmerz oder andere Formen der Beklemmung bemerken. Sie lassen diese Gefühle zu und öffnen sich dafür. Sie wissen, das Leben ist immer richtig, so wie es ist. Sie atmen in die Empfindungen hinein und spüren gleichzeitig auch Ihren übrigen Körper und den Druck des Autositzes an Po und Rücken. Atmend gehen Sie durch Ihre Wut und Unzufriedenheit hindurch.

Lieben:

Sie machen sich respektvoll bewusst, dass in dem Auto vor Ihnen ein Mensch sitzt, der seine Gründe hat, dass er so langsam unterwegs ist. Vielleicht ist er ein ungeübter Fahrer, oder er hat einfach nur Angst, schneller zu fahren. Möglicherweise ist sein Tank fast leer, und er versucht Benzin zu sparen. Oder sein Auto ist defekt, und es geht einfach nicht schneller. Es gibt so viele Möglichkeiten.

Auf diese Weise fühlen Sie mit der anderen Person, und Ihr Groll vermindert sich. Indem Sie sich in den anderen hineinversetzen, wird Ihnen auch klar, dass Sie nichts Positives erreichen, wenn Sie dichter auffahren. Sie verstärken möglicherweise sogar die Angst des Fahrers und verleiten ihn zu unüberlegtem Handeln. Ganz abgesehen davon, dass Sie Ihr Leben und das der Menschen um Sie herum aus nichtigen Gründen gefährden.

Sie respektieren, dass dieser Mensch ganz zweifellos das Recht hat, vor Ihnen auf dieser Straße zu sein. Wenn Sie möchten, dann segnen Sie seine Fahrt und wünschen ihm von Herzen das Beste.

Loslassen:

Sie lassen Ihre Überzeugung los, dass es falsch ist, so langsam zu fahren. Woher wollen Sie das wissen? Vielleicht schützt Sie das Leben auf diese Weise vor einem Unfall. Aus irgendeinem Grund hat Ihr Leben gerade auf Zeitlupe gedrückt. Können Sie sich vielleicht vorstellen warum?

Sie nutzen die langsame Fahrt, um bewusst auf das zu achten, was in Ihnen und um Sie herum passiert. Welche wunderbare Landschaft! Vielleicht können Sie auch das Fenster herunter kurbeln und die Frühlingsluft einsaugen. Riechen und spüren Sie die Frische? Wer sitzt neben Ihnen in den anderen Autos? Was geht in den anderen Menschen wohl vor?

Falls Sie es sehr eilig haben, machen Sie sich bewusst, dass Sie offenbar zu wenig Puffer eingeplant haben. Lassen Sie los, dass andere oder das Leben irgendeine Schuld an Ihrer Misere haben. Nehmen Sie wahr, dass Sie sich damit selbst unter Druck setzen, und spüren Sie den Zwang, den Sie sich so auferlegen. Auch das lassen Sie zu, ohne sich dafür zu verurteilen. Sie nehmen sich fest vor, das nächste Mal etwas früher loszufahren.

Währenddessen können Sie natürlich immer beobachten, ob es eine sichere Gelegenheit zum Überholen gibt, und wenn es soweit ist, dann fahren Sie ohne Hast und ohne jeden Groll vorbei.

ICH MUSS MICH UM ALLES KÜMMERN

Aufgaben über Aufgaben häufen sich im Alltag. Am Morgen erst die Kinder versorgen - Kleidung, Frühstück, Pausenbrot - bevor Sie sich selbst fertigmachen können. Kinder zur Schule bringen, weiter zur Arbeit fahren, einige Termine abarbeiten, zwischendurch die Mutter anrufen, die gerade erkrankt ist, und die Mittagspause nicht vergessen. Ach ja, ein paar Lebensmittel bräuchten Sie auch noch, und wann sollen Sie bloß das Auto in die Werkstatt bringen? Heute Morgen kommt auch noch Ihr Chef vorbei und sagt, Sie müssten dringend Spanisch lernen für den neuen Kunden.

Aber um halb vier holen Sie erst einmal die Sprösslinge von der Mittagsbetreuung ab. Dann Hausaufgaben kontrollieren und Vokabeln lernen. Anschließend um den Haushalt kümmern, Waschmaschine anstellen, Staubsaugen, Küche sauber machen. Langsam wird es schon wieder Zeit, das Abendessen vorzubereiten. Heute machen Sie nur Pfannkuchen, das geht schnell. Mist, keine Eier mehr da. Also noch kurz 'rüber zum Tante Emma Laden um die Ecke. Ach herrje, der Sohn muss ja um halb sechs zum Fußball. Also erst noch schnell die Fußballsachen zusammensuchen – wo sind bloß die Schienbeinschützer schon wieder – und etwas zum Trinken nicht vergessen. Ihr Magen zwickt auch schon seit Tagen. Deshalb wollten Sie eigentlich zum Arzt, aber wie sollen Sie das bloß noch unterbringen... Ich unterbreche an der Stelle. Sie können sich vorstellen, wie es weitergeht, und vermutlich kennen Sie das so oder ähnlich aus eigener Erfahrung, besonders wenn Sie weiblich sind und Familie und Beruf unter einen Hut bringen müssen. Man weiß vor lauter Aufgaben und Verpflichtungen gar nicht mehr, wo einem der Kopf steht. Ich muss, ich muss, ich muss...

Jedes Mal, wenn Sie im Leben zu sich selbst sagen: »Ich muss«, dann sollten Sie kurz innehalten. Wir sagen das normalerweise ständig und völlig unreflektiert zu uns selbst. Fragen Sie sich: »Wer sagt das?« Es kann nämlich sehr viele Bedeutungen haben, wenn man »Ich muss« zu sich sagt, zum Beispiel: »Es wird von mir erwartet.« »Jeder macht das so.« »In meiner Familie ist das so üblich.« »Sonst verliere ich meine Freunde/Arbeitsstelle.« »Sonst bin ich nichts wert/ein Versager/ein Verlierer.« »Sonst bin ich ein(e) schlechte(r) Mutter/Vater.« »Sonst reden die Nachbarn über mich.« Im besten Fall heißt »Ich muss« tatsächlich »Ich möchte«. Dann traut man sich aber vielleicht nicht, für seine Interessen einzustehen und schiebt ein Müssen als Entschuldigung vor (»Schatz, ich *muss* morgen mit meinen Freunden *leider* zum Fußballspiel. Wir haben schon vor Wochen die Karten gekauft ...«).

Als zukünftiger LeLiLo Experte werden Sie sich schon fragen, wo die drei Schritte bleiben. Sie haben völlig Recht. Also jetzt der Reihe nach.

Leben:

Als Ausgangsbasis ist es absolut wichtig, dass Sie die Situation trotz aller widrigen Umstände so annehmen, wie Sie ist. Denn wenn Sie sich in eine ablehnende Haltung und die damit verbundenen negativen Emotionen hineinsteigern, dann fehlt Ihnen die Offenheit, Ihre wahren Bedürfnisse zu spüren. Wut und Verzweiflung schreien immer so laut, dass Sie die innere Stimme nicht mehr hören können. Nehmen Sie also negative Empfindungen wahr, ohne sich von ihnen überschütten zu lassen. Atmen Sie in die Gefühle hinein. Bleiben Sie innerlich stehen, wo Sie sind. Lassen sie die innere Anspannung zu. Fühlen Sie, was in Ihrem Körper passiert. Keine Analyse, nur spüren. Erst wenn Sie durch Ihre Gefühle hindurchgegangen sind und mehr inneren Abstand und innere Ruhe besitzen, können Sie dem vermeintlichen Müssen auf den Grund gehen. Ich empfehle Ihnen, alle Sätze, die mit »Ich muss« anfangen, erst einmal komplett aus Ihrem Sprachschatz zu streichen. Versuchen Sie stattdessen, jedes Mal ein anderes Wort für Müssen zu finden, oder den Sachverhalt auf andere Weise zu umschreiben. Nur so werden Sie sich klar darüber, was sich hinter dem Müssen eigentlich verbirgt.

Im ersten Schritt sollten Sie es mit »Ich möchte« oder »Ich will« probieren. Sagen Sie zum Beispiel: »Ich möchte auf die Feier von Tante

Jutta gehen.« Dann spüren Sie bitte in sich hinein, ob das wirklich stimmig für Sie ist. Fühlen Sie eine innere Bestätigung und Freude, oder zieht sich Ihnen schon bei dem Gedanken an das Fest der Magen zusammen. Wie klingt für Sie zum Beispiel: »Ich möchte jeden Tag Frühstück für meine Kinder machen.« »Ich möchte eine zusätzliche Aufgabe in der Arbeit übernehmen.« oder »Ich möchte täglich meine Mutter anrufen.« Was empfinden Sie dabei?

Lieben:

Der beschriebene achtsame Umgang mit Ihrer inneren Stimme zeugt von wahrem Respekt sich selbst gegenüber. Sie nehmen sich als einen Menschen wahr, der eigene Bedürfnisse hat, und der es auch verdient hat, dass sie erfüllt werden. Wenn Ihr Gefühl und Ihre innere Stimme dem »Ich möchte« beipflichten, dann ist es völlig in Ordnung, danach zu handeln, weiter so. Viel öfter werden sie aber bemerken, dass »Ich möchte« in Ihnen keine Zustimmung findet. Dann ist der nächste Schritt für Sie herauszufinden, wie Sie es stattdessen formulieren können. Was empfinden Sie tatsächlich dabei? Nehmen wir das Beispiel mit dem Frühstück für die Kinder. Sicher machen Sie gerne ab und zu einmal das Frühstück für die Familie. Es hängt auch davon ab, wie die Aufgaben insgesamt unter den Familienmitgliedern verteilt sind. Aber wenn Sie ohnehin schon den ganzen Haushalt organisieren, dann wird es Ihnen vielleicht doch zu viel. Was bedeutet also »Müssen« in diesem Fall? Es könnte sein, dass Sie eigentlich meinen: »Ich fühle mich verpflichtet, jeden Morgen Frühstück für die Kinder zu machen, weil ich sonst kein(e) gute(r) Mutter/Vater bin.«

Damit kommen wir der Sache schon näher. Ein unspezifisches Müssen kann man kaum hinterfragen, aber wenn Sie es konkreter formulieren, dann ist der nächste Schritt nachzubohren: »Stimmt das wirklich?« Je nachdem, wie alt die Kinder sind, kann man natürlich zu unterschiedlichen Schlussfolgerungen kommen. Grundsätzlich ist es für Kinder immer förderlich, wenn sie altersgerecht in die häuslichen Pflichten eingebunden werden. Es zeugt von falsch verstandener Liebe, wenn man seine Kinder von Verpflichtungen fernhält, weil man meint, es wäre besser, sie zu schonen oder sogar, weil man den Konflikt mit ihnen scheut. Vielleicht könnte auch Ihr Partner diese Aufgabe übernehmen? Dann könnte »Ich muss« auch bedeuten: »Ich habe nicht den Mut, mit meinem Partner über die Aufgabenverteilung im Haushalt zu sprechen.«

Wenn Sie sich in einer solchen Situation befinden, dann achten Sie bitte genau darauf, wie sehr Sie selbst sich wertschätzen. Schauen Sie in den Spiegel, und sagen Sie zu sich selbst: »Ich liebe dich so, wie du bist! Du bist ein wertvoller Mensch und hast es verdient, dass es dir gut geht.« Fühlen Sie bitte, was dabei in Ihnen berührt wird. Öffnen Sie Ihr Herz dafür.

Falls Sie in einem Umfeld leben, in dem Sie sich sehr oft ausgenutzt und überfordert fühlen, heißt das meist, dass Sie sich selbst wenig lieben und nur gering schätzen. Auf Ihrer Stirn steht sozusagen in Leuchtschrift geschrieben: »Bitte nutzt mich aus, ich habe es nicht besser verdient!« Sie wählen dann auch automatisch Menschen und Situationen aus, die auf diese Botschaft anspringen. Segnen Sie Ihre Aufrichtigkeit zu sich selbst, Ihre Selbstliebe und das Mitgefühl und den Respekt der anderen, von denen Sie sich ausgenutzt fühlen.

Loslassen:

Ein großer Anteil unserer »Ich muss«-Aufgaben entsteht also aus falsch verstandener Liebe zu anderen und fehlender Liebe zu uns selbst. Sie fühlen sich vielleicht verpflichtet, weil Sie Angst haben, sonst die Anerkennung durch andere Menschen zu verlieren. Lohnt es sich aber, dafür etwas zu tun, was Ihnen wirklich gegen den Strich geht, oder Sie sogar an Ihre Belastungsgrenzen treibt? Wenn Sie sich selbst gegenüber respektvoll und wertschätzend verhalten, dann achten Sie auf Ihre eigenen Bedürfnisse. Wenn Sie sich selbst lieben, dann ist es Ihnen nicht mehr so wichtig, was Ihre Zeitgenossen dazu sagen, dass Sie ihnen nicht alles recht machen.

Lassen Sie den Glauben los, Sie müssten jeden zufriedenstellen. Lassen Sie los, dass es wichtig ist, was andere über Sie denken. Öffnen Sie Ihr Herz für die Gefühle, die entstehen, wenn Sie an die vielen Aufgaben denken, die Sie glauben erledigen zu müssen. Heilen Sie Ihren inneren Sklaventreiber. Er meint es eigentlich gut mit Ihnen, weil er glaubt, Sie vor möglichen Folgen zu schützen, indem er Sie antreibt. Wenn Sie aber in sich ruhen und nicht mehr auf die Bestätigung durch die Mitmenschen angewiesen sind, dann gibt es kein Risiko mehr, vor dem Sie Schutz bräuchten. Machen Sie ihm klar, dass Ihre eigenen Bedürfnisse an erster Stelle stehen, und dass die Liebe, die er bei anderen sucht, nur in Ihnen selbst zu finden ist. Ihr Sklaventreiber ist wie ein verschüchtertes, ungeliebtes Kind, das Sie gedanklich immer wieder in den Arm nehmen sollten.

Zum Schluss noch ein kleiner praktischer Ratschlag. Erledigen Sie alle Aufgaben, um die Sie nicht herumkommen, mit kleinstmöglichem Aufwand, und versuchen Sie zu delegieren oder Aufgaben mit anderen zu teilen. Und gleichermaßen sehr wichtig: Schaffen Sie sich Ruhezeiten, mindestens eine halbe Stunde jeden Tag, die nur für Sie reserviert ist, während der Sie keiner stört, auch kein Telefon, Radio, Fernseher oder Computer.

Praxis: Beispiele

REINGELEGT

Es lässt sich leider kaum vermeiden, dass wir ab und zu von unseren Mitbürgern übers Ohr gehauen werden, sei es beim Kauf im Internet oder bei anderen Gelegenheiten.

Ich erzähle Ihnen ein Beispiel, das uns im letzten Urlaub passiert ist. Durch die fremde Umgebung und unbekannte Gepflogenheiten ist man dort besonders anfällig für solche Erlebnisse. Ein typischer Brennpunkt sind die Taxis dieser Welt. Viele Taxifahrer haben sich auf Touristen spezialisiert, um die unwissenden reichen Fremden gehörig zu schröpfen. Besonders an den Orten, an denen sich die Urlauber häufen, also an Flughäfen, Bahnstationen oder Ausflugszielen gehen die Nepper ans Werk. Mit der Zeit weiß man natürlich, dass man den Preis immer vorher verhandeln muss, wofür es nützlich ist, zu wissen, was es kosten darf. Oder man muss auf das Einschalten des Taximeters bestehen.

Stellen Sie sich also vor, Sie sind gerade in Hanoi in ein Taxi gestiegen und haben eigentlich alles richtig gemacht. Der Taxifahrer hat bereitwillig das Taximeter aktiviert, und schon geh es los. Allerdings zählt die Preisanzeige mindestens dreimal so schnell hoch, wie in anderen Taxis, die Sie bisher benutzt hatten. Sie können gar nicht so schnell zusehen, wie der Fahrpreis ansteigt. Im Reiseführer hatten Sie schon gelesen, dass die Geräte manchmal manipuliert würden. Sie sind offenbar in die Falle geraten. Jetzt fühlen Sie, wie Zorn und auch etwas Angst in Ihnen aufsteigen.

Leben:

Sie nehmen beide Gefühle an und lassen sie zu. Für einen Moment bleiben Sie in sich stehen, wo Sie sind, und atmen bewusst in Ihre Empfindungen hinein. Sie spüren Ihren Körper, wie er auf der Sitzunterlage aufliegt. Sie akzeptieren, dass Sie in einem Taxi sitzen und soeben zu Ihren Ungunsten die Rechnung manipuliert wird.

Während Sie in sich hinein spüren und atmen, überlegen Sie aus der emotionalen Distanz, welche Optionen Sie haben. Sie könnten sofort aussteigen, oder später den Fall bei der Polizei vortragen. Sie könnten sich nach der Fahrt auch einfach weigern zu bezahlen, und sich auf eine Auseinandersetzung mit dem Taxifahrer einlassen. Sie versuchen, den Fahrpreis zu schätzen. Statt normal drei Euro müssten Sie mit etwa neun Euro rechnen. Also nichts, was Sie arm machen würde. Sie beschließen, auf jeden Fall nichts zu unternehmen, was Ihre Entspannung und den schönen Urlaubstag gefährden könnte. Das schulden Sie sich und Ihrer Familie.

Lieben:

Gleichzeitig versuchen Sie, die positiven Absichten des Fahrers zu sehen. Der Mann muss vermutlich eine Familie ernähren, vielleicht sogar noch seine Eltern. Die normalen Fahrpreise sind so knapp kalkuliert, dass ein angestellter Taxifahrer im Monat vielleicht auf hundert Euro kommt. Damit kann man in einer Großstadt kaum leben. Was würden Sie selbst unter solchen Lebensbedingungen machen? Wären Sie immer ehrlich? Hätten Sie ihm das Geld geschenkt, wenn er Sie mit Hinweis auf seine Not darum gebeten hätte? Vermutlich hätten Sie es getan. Wieso sollten Sie es ihm dann nicht auch auf diese Weise geben?

Sie achten auf den Menschen hinter der Rolle des Taxifahrers. Sie sind bereit, Ihr Herz auch unter diesen Umständen zu öffnen. Der Mann wirkt sehr freundlich und sympathisch. Er erzählt in gebrochenem Englisch etwas über die Sehenswürdigkeiten, an denen Sie vorbei fahren. Wenn Sie Ihren Zorn außer Acht ließen, dann könnten Sie ihn sogar mögen. Sie segnen seinen Wohlstand, seine Authentizität und seine Aufrichtigkeit, weil Sie wissen, dass Sie ihn und sich selbst damit heilen können.

Praxis: Beispiele

Loslassen:

Schließlich fragen Sie sich, woher Sie sicher wissen können, dass der Fahrer das Taximeter selbst manipuliert hat. Woher wissen Sie, dass er am unredlichen Gewinn partizipiert? Woher wissen Sie, dass es falsch ist, diesem Menschen ein paar Euro mehr zu bezahlen?

Als Sie ankommen, sind Sie völlig entspannt. Sie bezahlen den verlangten Preis und legen sogar noch etwas Trinkgeld dazu. Der Fahrer wirkt etwas verlegen, freut sich aber sehr. Sie fühlen, wie in Ihnen ein Lächeln aufsteigt. Nur das mit dem Trinkgeld müssen Sie danach vielleicht noch Ihren Mitfahrern erklären ...

ÄRGER MIT DEM NACHBARN

Wohnung, Haus und Grund sind ähnlich wie ein Auto für ihren Besitzer eine Erweiterung seines Egos. So wie es für alle Menschen unangenehm ist, wenn man ihnen beispielsweise im Fahrstuhl oder der U-Bahn zu nahe auf die Pelle rückt, so ist es auch an den Grenzen zwischen immobilen Besitztümern. Eigentlich bräuchten wir für unser Wohlbefinden eine neutrale, Geräusch dämmende Zone zwischen den Wohnungs- oder Grundstücksgrenzen. Deshalb verwundert es nicht, dass es umso mehr Ärger mit Nachbarn gibt, je kleiner die Parzellen ausfallen und je enger der Raum ist, auf dem man zusammenleben muss. Grenzüberschreitungen durch Lärm, Geruchsbelästigung, falsch geparkte Fahrzeuge oder sonstiges Fehlverhalten sind bei engen Wohnverhältnissen somit an der Tagesordnung und verlangen gegenseitige Toleranz von den Bewohnern.

Umfragen zeigen, dass mehr als ein Drittel der Deutschen mit ihren Nachbarn im Streit liegt. Lärm steht dabei als Ursache an erster Stelle. Ich vermute, dass es in den deutschsprachigen Nachbarländern nicht anders aussieht. Wenn Sie das also aus eigener Erfahrung kennen, dann sind Sie zumindest nicht allein.

Nehmen wir also an, dass Sie es sich gerade an einem sonnigen Samstag auf Ihrer Terrasse oder Ihrem Balkon gemütlich gemacht haben. »Endlich einmal Ruhe nach dem ganzen Stress während der Woche!«, denken Sie und rekeln sich genüsslich auf der Liege. Just in diesem Moment, die Uhr zeigt halb zwei am Nachmittag, wirft Ihr Nachbar seinen neuen benzinbetriebenen Turbohäcksler an. Die gefühlten einhundertzwanzig Dezibel lassen alle Nerven in Ihnen vibrieren. Anfangs denken Sie noch, das ginge gleich wieder vorbei, aber nach zehn Minuten läuft das Höllengerät immer noch auf vollen Touren. Offenbar will Ihr Nachbar sein gesamtes Buschwerk durch den Reißwolf jagen.

Praxis: Beispiele

Leben:

Nachdem Sie den ersten Schock überwunden haben, nehmen Sie die Situation so an, wie sie ist. Sie spüren in sich eine kurze Trauer über den Verlust des ruhigen Nachmittags, die von einer immer stärker werdenden Wut gefolgt wird. Ein- und ausatmend gehen Sie immer tiefer in Ihre Gefühle hinein. Sie hören das laute Gebrumm, ohne darüber nachzudenken, aus welcher Quelle es stammt.

Während Sie immer noch in Ihr angespanntes Körpergefühl atmen, nehmen Sie aufmerksam wahr, aus wie vielen verschiedenen Tönen das Geräusch der Maschine eigentlich besteht. Da sind gleichzeitig ein tiefes Brummen, ein klingelndes Vibrieren, ein metallisches Hacken und ein hölzernes Brechen. Wenn es nicht so laut wäre, hätte es fast etwas Melodisches an sich. Sie wundern sich, wie interessant die Dinge sein können, wenn man sich ohne Urteil auf die Wahrnehmung einlässt.

Gleichzeitig überlegen Sie, welche Optionen Sie haben. Sie könnten zum Beispiel ins Haus gehen und abwarten, bis der Radau vorbei ist oder liegen bleiben und dem Lärmorchester weiter lauschen. Oder Sie gehen rüber zum Nachbarn und fragen ihn, ob er die Arbeit eventuell auch später erledigen kann.

Lieben:

Sie öffnen ganz bewusst Ihr Herz für den Nachbarn. Sie können beispielsweise anerkennen, dass er auch berufstätig ist und kaum eine Möglichkeit hat, seine Gartenarbeiten unter der Woche zu erledigen. Auch wenn Sie selbst nie einen Häcksler benutzen, tolerieren Sie, dass er eine andere Auffassung davon hat, welche Arbeiten im Garten zu erledigen sind, und wie man sie durchführt.

Sie lassen gelten, dass er ein Recht hat, seinen Garten so zu nutzen, wie es ihm selbst Freude bereitet. Sie segnen seine Rücksicht und sein

Mitgefühl, und Sie segnen auch Ihre gegenseitige Beziehung und Wertschätzung füreinander.

Loslassen:

Sie lassen los, dass der Nachbar auf Sie Rücksicht nehmen muss. Niemand außer Ihnen selbst ist für Ihr Wohl verantwortlich. Sie lassen los, dass Sie genau jetzt Ruhe haben müssen. Woher können Sie wissen, dass es das Beste für Sie ist? Vielleicht ist in einer Stunde ein besserer Zeitpunkt.

Möglicherweise will Sie Ihr Leben zurück ins Haus holen, weil Sie das Bügeleisen angelassen haben oder weil gleich ein Dachziegel auf Ihre Liege gefallen wäre. Vielleicht sucht Ihre Seele auch einen Grund, dass Sie mit Ihrem Nachbarn ins Gespräch kommen. Laden Sie ihn doch demnächst zu sich auf ein Glas Bier ein. Wenn man einmal zusammen gefeiert hat, dann ist es meist leichter, bei Unstimmigkeiten eine für alle befriedigende Lösung zu finden.

Praxis: Beispiele

FEHLENDER LEBENSPARTNER

Es gehört zu unserer Zeit, dass besonders in den großen Städten viele unfreiwillige Singles leben, die oft verzweifelt einen geeigneten Lebenspartner suchen. Irgendwie kommt nie der oder die Richtige. Wir alle brauchen menschliche Nähe und Liebe wie die Luft zum Atmen. Wie geht man also am besten damit um, wenn man ungewollt für längere Zeit alleine ist?

Leben:

Indem Sie die Situation so annehmen, wie sie ist, erlauben Sie sich, alle Umstände urteilsfrei wahrzunehmen. Es ist weder Ihre Schuld noch die Schuld eines anderen Menschen, dass Sie in dieser Situation sind. Sie sind auch nicht weniger liebenswert als andere. Indessen können Sie es auch nicht erzwingen, einen Partner zu finden. Im Gegenteil, je verzweifelter Sie suchen, desto stärker weichen die Umworbenen vor Ihnen zurück. Andere Menschen spüren instinktiv das Energievakuum, das durch die Hoffnungslosigkeit und das fehlende Selbstvertrauen in Ihnen herrscht, und fühlen sich davon abgestoßen. Jeder sucht nach Wegbegleitern, die ihn fördern, und möchte niemanden in seiner Nähe haben, der ihn energetisch aussaugt. Sie müssen sich erst selbst im Leben verankern, bevor Sie Ihren Mitmenschen das notwendige Gefühl der Sicherheit vermitteln können.

Nehmen Sie sich Zeit und Ruhe, und gehen Sie ganz in das Gefühl des Alleinseins und der Verzweiflung hinein. Lassen Sie das Gefühl bedingungslos zu. Ihre Seele will diese Erfahrung offenbar machen. Atmen Sie tief in den Schmerz hinein, immer wieder. Seien Sie sich ganz des Fühlens und Ihres Körpers in diesem Moment bewusst. Erst wenn Sie diese emotionalen Schmerzen ganz durchlebt haben, sind Sie bereit für neue Schritte in Ihrem Leben.

Gehen Sie davon aus, dass auch diese Phase nur vorübergehend sein wird, und Sie jetzt noch eine letzte Gelegenheit haben, das Alleinsein für sich zu nutzen. Vielleicht möchten Sie eine Zeit lang ins Ausland gehen, oder Sie machen einen Segeltörn oder einen Intensivkurs zu einem Thema, das Sie schon immer interessiert hat. Üben Sie vor allem, das Leben mit sich selbst zu genießen, mit allen Ihren Sinnen. Sehen, hören, riechen, schmecken und fühlen Sie die Welt. Vielleicht lassen Sie sich auch jede Woche mit wohlriechenden Ölen massieren oder was immer Ihnen besonders gut tut. Schlagen Sie in die Welt tiefe Wurzeln, die Sie wirklich dauerhaft nähren können.

Lieben:

Die stärkste und ergiebigste Quelle, aus der Sie im Leben schöpfen können, ist Ihre Liebe zu sich selbst. Der häufigste Grund, keinen Partner zu haben, der einen aufrichtig liebt, ist die eigene Überzeugung, nicht liebenswert zu sein. Dieses tragische Selbsturteil tragen leider viele Menschen mit sich herum. Seinen Ursprung hat es fast immer in der Kindheit, aber es spielt keine Rolle, wo es herkommt. Sie können es heute auflösen, wenn Sie den Schmerz in sich berühren und ihn zulassen.

Schenken Sie dem vernachlässigten Kind in sich heute die Liebe, die es früher vermisst hat. Sorgen Sie für sich selbst, wie Sie für Ihr eigenes Kind sorgen würden. Es ist nicht schwer, Ihr inneres Kind zu finden. Wenn Sie sich dem Schmerz des Alleinseins öffnen, dann sind Sie bereits mit ihm vereint. Öffnen Sie Ihr Herz diesem Schmerz, dann schenken Sie dem inneren Kind die Aufmerksamkeit, die es braucht.

In der göttlichen Kraft, deren Teil wir alle sind, ist so viel Liebe. Wenn Sie das in Ihrem Leben nicht spüren, bedeutet es nicht, dass die Liebe nicht da ist. Diese Liebe kann nie fort sein. Sie ist immer so nah bei Ihnen, dass Sie jederzeit die Hand danach ausstrecken könnten. Nur durch Ihre Ängste und emotionalen Verhärtungen trennen Sie sich von ihrem Lebensstrom ab. Indem Sie mit offenem Herzen den Schmerz spüren, lösen sich die alten Krusten auf und geben den Kanal wieder frei. Zur Unterstützung segnen Sie Ihre Kraft, Ihren Selbstwert, Ihre Verwurzelung im Leben und Ihre eigene Attraktivität.

Praxis: Beispiele

Viele Menschen denken, sie könnten sich nur deshalb nicht lieben, weil ihr Bauch zu dick oder ihre Nase zu lang sei. Aber sehen Sie sich um: Es gibt wunderschöne Weltstars, die sich aus Verzweiflung über ihr Leben mit Drogen und Alkohol betäuben, und es gibt unauffällige oder sogar unattraktive Typen, die in sich ruhen und ganz mit sich zufrieden sind. Selbstliebe ist keine Frage der Schönheit. Es ist genau anders herum: Die kritische Betrachtung des eigenen Äußeren ist ein Ausdruck der fehlenden Liebe zu sich selbst. Wer es nötig hat, seine Schönheit ins Rampenlicht zu stellen, ist meist ein armer Tropf. Die erhoffte Bewunderung oder Anerkennung durch andere Menschen ist nur ein minderwertiger Ersatz für die Liebe zu sich selbst. Wenn Sie sich selbst so akzeptieren können, wie Sie sind, dann werden Sie auch für andere attraktiv.

Loslassen:

Wie gesagt, Sie können nichts erzwingen. Aber die Frage ist, ob es überhaupt gut wäre, wenn Sie es könnten. Gehen Sie davon aus, dass Ihr Leben im Moment genau so ist, wie es sein soll. Lassen Sie los, dass Sie es besser wissen. Woher auch? Sie erleben dieses Leben schließlich zum ersten Mal. Das Leben hält Erfahrungen für Sie bereit, die Sie im Voraus gar nicht erahnen können. Nehmen Sie Ihr Leben spielerisch. Erwarten Sie nichts, aber halten Sie alles für möglich. Ihr zukünftiger Lebenspartner wartet wahrscheinlich schon irgendwo auf Sie. Sie müssen nur Gelegenheiten ergreifen, wenn sie sich bieten. Wenn Sie zu einer Party eingeladen werden, dann gehen Sie hin. Folgen Sie Ihrer Intuition an Orte, an denen Sie Spaß haben und Gleichgesinnte treffen können. Das Leben ist eine Fahrt ins Unbekannte. Lassen Sie sich darauf ein. Vertrauen Sie Ihrer eigenen Stärke, Ihrer tiefen Verbindung zum Leben und darauf, dass bewusstes Annehmen und Erleben Ihrer Gefühle heilsam auf alle Umstände wirken.

»*Am Ende wird alles gut. Und wenn es noch nicht gut ist, dann ist es noch nicht das Ende.*« – das ist meine persönliche Überzeugung und mein Lieblingszitat aus dem Film *Best Exotic Marygold Hotel*.

ALLES GUTE!

Genug gelesen. Jetzt übernehmen Sie selbst das Steuer. Beginnen Sie gleich heute damit, Leben, Lieben und Loslassen fest in Ihren Alltag zu integrieren.

Wenn ich den Inhalt dieses Buches in einem einzigen kurzen Satz zusammenfassen sollte, dann würde ich es so formulieren:

> *»Öffnen Sie in jedem Moment Ihr Herz*
> *für das, was das Leben für Sie bereithält.«*

Das ist im Kern alles, worauf es ankommt. Und doch scheint es manchmal so schwer. Wir wollen nicht annehmen und fühlen, was uns weh tut. Aber es gibt keine Abkürzung und auch keine Umgehungsstraße. Das Leben geht nur durch Ihre Gefühle hindurch. Es ist wie beim Durchqueren eines Bergbachs. Anfangs scheut man sich vor der Kälte des Wassers. Aber wenn man drinnen ist, dann ist es wunderbar erfrischend. Also krempeln Sie die Hosenbeine hoch, und waten Sie hinein. Wenn es wehtut, dann laufen Sie nicht weg. Bleiben sie stehen. Schicken Sie Ihren Atem in den Schmerz. In der Tiefe Ihrer Gefühle werden Sie einen neuen Menschen finden. Indem Sie in Ihre Gefühle eintauchen, waschen Sie alles von sich ab, was Sie belastet. Alte Krusten lösen sich. Schicht um Schicht legen Sie sich selbst frei, bis Ihr strahlender Kern erscheint.

Und schließlich steigen Sie wie Phönix aus der Asche, breiten Ihre Flügel aus und …

… fliegen.

Guten Flug und gute Reise!

Nachwort zur 2. Auflage

Auch wenn der Titel Leichtigkeit verspricht, geht es in diesem Buch insbesondere um Heilung. Das Wort Heilung kommt von Heil und bedeutet im eigentlichen Sinn daher Ganzwerdung. Was Sie dafür tun können, ist vor allem sich selbst und alle anderen Menschen liebend anzunehmen. Dieses Annehmen umfasst auch und vor allem Ihr eigenes Leben, also die Begegnungen und Umstände, die Sie sich bewusst oder unbewusst erschaffen haben. Solange Sie Ihr Herz vor dem Leben und anderen Menschen verschließen, sei es aus Angst oder Zorn, solange verschließen Sie sich selbst der Liebe, der einzigen Kraft im Kosmos, die Grundlage wirklicher Heilung sein kann. Angst und Liebe können nicht gemeinsam existieren. Wirkliche Heilung kann deshalb nur geschehen, wenn wir unseren Mitmenschen vergeben können. Andere zu lieben, bedeutet aber nicht, sie mögen zu müssen – dazu kann man sich nicht zwingen. Liebe heißt nur, die anderen so sein lassen zu können, wie sie sind.

Was hält Sie davon ab, Ihr Herz sich selbst und der Welt zu öffnen? Wir alle sind konditioniert worden, andere Menschen und unsere Umwelt in feindlicher Konkurrenz zu sehen. »Dir wird im Leben nichts geschenkt!« oder »Du musst dich gegen die anderen behaupten!« sind typische Merksätze mit denen wir aufwuchsen. Außerdem sind wir selbst meist unser strengster Kritiker. Es gibt kaum einen Menschen, der glaubt, er wäre liebenswert, so wie er ist. Diese negativen Glaubenssätze hängen wie ein Mühlstein um unseren Hals und verhindern so, dass wir unser Leben zum Fliegen bringen. Heilung bedeutet deshalb vor allem auch, diesen Ballast loszulassen, uns selbst zu lieben und es uns wert zu sein, unser Leben zu einem Kunstwerk zu machen. Jeder Mensch ist eine einzigartige Form, wie sich Gott selbst im Leben ausdrücken möchte. Wir müssen es nur zulassen.

Nachwort zur 3. Auflage

Die nicht-christlich orientierten Leser mögen es mir verzeihen, wenn ich am Ende des Buches aus der Bibel zitiere, bzw. selbst ein Bibelzitat interpretiere. Aber mir erscheint diese Stelle im Bezug zu unserem Thema sehr wichtig. Unterstreicht es doch, welche große Bedeutung das Annehmen der Gefühle für unseren Lebensweg hat.

»Selig sind, die da Leid tragen; denn sie sollen getröstet werden.«
(Matthäus 5.4)

Wen meint Jesus in seiner zweiten Seligpreisung, mit denen, »die da Leid tragen«? Sind das nur besonders hart vom Leben gezeichnete Mitmenschen? Oder etwa die ständig Jammernden, die ihr Leid vor sich her tragen? Und ist denn Leiden unbedingt erforderlich, um selig zu werden?

Christus spricht an dieser Stelle zweifellos jeden einzelnen Menschen an, Sie genauso wie mich. Denn jeder von uns hat schon einmal Leid erfahren. In unserer materiellen Welt des Wandels und der Vergänglichkeit ist das unvermeidlich. Alles Lebendige auf der Erde wird im Lauf der Zeit in irgendeiner Form mit Verlust, Schmerz, Krankheit und Tod konfrontiert.

Aber es gibt immer auch die andere, die lichte Seite des Lebens. Khalil Gibran schrieb in seinen Buch Der Prophet: »Eure Freude ist euer Leid ohne Maske. Und derselbe Brunnen, aus dem euer Lachen aufsteigt, war oft von euren Tränen erfüllt. Und wie könnte es anders sein? Je tiefer sich das Leid in euer Sein eingräbt, desto mehr Freude könnt ihr fassen.«

Freude und Leid reichen sich immer die Hand. Die Menschen und Dinge, die uns die größte Freude bereiten, können uns auch den ärgsten Schmerz zufügen und umgekehrt. Wenn wir Leid ganz vermeiden wollten, dann müssten wir deshalb auch die Freude begraben. Man kann sein Herz nicht nur abschnittweise öffnen. Sie können nicht sagen, ich will das Leid nicht mehr spüren und Ihr Herz verschließen, ohne dadurch auch die Verbindung mit der Liebe, Freude und Begeisterung zu kappen. Wenn Sie alle Schotten dicht machen, dann kommt auch kein Licht mehr herein.

Deshalb liegt die Betonung dieser Seligpreisung weniger auf »Leid« als auf »tragen«. Denn Leid kann uns ständig begegnen, aber wie gehen wir damit um? Nach meiner Erfahrung ist für viele Menschen »Leid tragen« gleichbedeutend mit »leiden«. Aber Jesus sagte eben nicht: selig sind die Leidenden. Und das ist jetzt keine Wortklauberei oder Spitzfindigkeit von mir. Denn in dem Unterschied zwischen leiden und Leid tragen, liegt die ganze Wahrheit dieser Seligpreisung verborgen!

Was tun wir denn gewöhnlich, wenn wir leiden? Es geht immer darum, dass wir irgendeinen Aspekt unseres Lebens gerade nicht so haben möchten, wie er ist. »Ich will, dass es aufhört!« ist wohl der häufigste Satz, den wir dann zumindest sinngemäß innerlich zu uns selbst sprechen. Zu leiden bedeutet daher, das Leben abzulehnen, sich dagegen mit aller Macht zu sträuben. Das ist menschlich und völlig verständlich. Wer will schon Leid und Schmerz haben? Aber nützt es uns denn, dagegen zu kämpfen? Jesus fragt uns: »Wer kann durch seine Sorgen seiner Lebenslänge auch nur ein paar Zentimeter hinzusetzen?« Es ist sogar genau anders herum: erst wenn wir das Leid ansehen und als Teil unseres Lebens akzeptieren, sind wir in der Lage, etwas daran zu ändern. So wie ein Pilot sein Flugzeug nicht durch ein Gewitter steuern kann, wenn er die Augen vor lauter Angst verschließt, müssen auch wir uns auf die schwierigen Situationen im Leben einlassen. Sein Leid zu »tragen« heißt daher, es anzunehmen. Um es tragen zu können, müssen wir es fest in die Hand nehmen, und dürfen es nicht gleich wieder wegwerfen oder achtlos irgendwo liegen lassen.

Sehr oft ist unser Leid mit unseren empfindlichsten Stellen verbunden. Am meisten leiden wir, wenn alte Verletzungen in uns berührt werden, wenn wir uns ungeliebt, allein gelassen oder wertlos fühlen. Daher kann das Leid ein Wegweiser dafür sein, wo wir Heilung benötigen. Indem wir das Leid spüren, fühlen wir die Wunden, die uns zugefügt wurden. Durch bewusstes Wahrnehmen des Schmerzes, bringen wir Licht an dunkle Stellen in uns selbst. Solange wir den Schmerz nicht spüren wollen, bleibt alles im Dunklen. Erst Bewusstheit und Licht bringen Heilung in unser Leben. Dabei kommt es auch darauf an, Verantwortung für sein Leid zu übernehmen. Solange wir uns nur als Opfer sehen und anderen die Schuld geben, können wir nichts an den Umständen ändern.

Leid und Gefühl sind beide sehr stark mit unserem Körper verbunden. In unserer Gesellschaft ist der Intellekt überbetont, und Fühlen hat nur einen geringen Stellenwert. Dadurch haben wir den Kontakt zu unserem Körper verloren. Viele Menschen brauchen heutzutage extremste Reize, um überhaupt noch etwas von ihrem Körper zu spüren. Erst wenn ihr Körper vor Angst oder Anstrengung aufschreit, nehmen sie ihn wahr. Der fehlende innere Kontakt zum Körper und die gleichzeitige Überbetonung seiner äußeren Erscheinung sind eine sehr verbreitete Kombination. Das zeigt uns, wie weit die zivilisierte Menschheit heute von einem natürlichen Umgang mit dem Leben entfernt ist. Manchmal ist Leid und Krankheit daher die einzige Möglichkeit, die unser Organismus noch hat, um auf sich aufmerksam zu machen. Marcel Proust schrieb: »Krankheit ist der respektabelste Arzt. Gute Vorsätze werden viele gefasst, aber dem Schmerz gehorcht man.«

Deshalb ist es so wichtig, wieder fühlen zu lernen. Nehmen Sie sich jeden Tag mindestens fünf Minuten in Ruhe Zeit, und lauschen Sie mit allen Sinnen in Ihren Körper. Fangen Sie bei Ihren Zehen an, und gehen Sie langsam nach oben, bis Sie beim Scheitel angekommen sind. Bleiben Sie überall dort kurz stehen, wo Sie etwas Außergewöhnliches wahrnehmen, etwa Verspannung oder Druck. Dann atmen Sie dort ein paar Mal hin, und lassen sich ganz auf das Gefühl ein. Der Verstand darf dabei ruhen; nicht denken, sondern nur fühlen. Ihr Körper ist nicht nur Ihre Existenzgrundlage in dieser Welt, sondern auch der Tempel, in dem Gott auf Erden wohnt und wirkt. Ehren Sie ihn, kümmern Sie sich gut um ihn und behandeln Sie ihn pfleglich. Dazu gehört auch, auf Ihre Gefühle zu achten.

Einen weiteren wichtigen Aspekt des Schmerzes möchte ich nicht unterschlagen: Schmerz ist ein Gleichmacher. Wenn wir Schmerzen haben, dann denken wir nicht mehr, wir seien besser als die anderen. Durch gemeinsamen Schmerz fühlen wir uns verbunden. Die Schmerzen anderer Menschen wecken unser Mitgefühl. Gerade in Katastrophen und schweren Zeiten zeigen die Menschen daher ihr Herz am offensten. Im Schmerz spielen Besitz und Hautfarbe keine Rolle mehr, wir lassen alle Masken und Barrieren fallen und sind einfach nur noch Menschen. So entstehen durch den Schmerz heilige Momente, in denen sich die unterschiedlichsten Leute in die Arme fallen können. Schmerz reinigt uns sozusagen von falschen und trennenden Vorstellungen. Paulus erläuterte im Brief an die Hebräer: »Gott erschüttert uns, damit das Unerschütterliche bleibt.« Wenn diese befreite und bedingungslose Liebe zwischen Menschen auch ohne reinigenden Schmerz möglich wäre, dann könnten wir auf viel Leid in der Welt verzichten.

Wenn Sie die Welt und sich selbst vom Leid befreien möchten, dann fragen Sie sich daher nicht, wie Sie zum Heiler werden, sondern wie es Ihnen am besten gelingt, einen Raum der Liebe und Akzeptanz zu schaffen, in dem Heilung stattfinden kann.

In diesem Sinne kann man die Seligpreisung auch folgendermaßen formulieren:

»Selig sind, die das Leid als Teil ihres Lebens vertrauensvoll annehmen, ihr Herz öffnen und bereit sind, auch den Schmerz zu spüren. Denn erst durch das Licht des Bewusstseins und der Liebe kann Gott alle Wunden heilen und das Leben mit Freude füllen.«

Verzeichnis der Tipps

Tipp: Innerlich stehen bleiben 19

Tipp: Verletzbar werden 25

Tipp: Gefühle brauchen Raum 33

Tipp: Mit dem Leben fließen 35

Tipp: Ihrer Seele vertrauen 39

Tipp: Herz öffnen 49

Tipp: Segnen ist einfach 63

Tipp: Sie dürfen sich selbst lieben 68

Tipp: Sie sind nicht Ihre Gedanken 90

Tipp: Gefühle sind die Sprache Ihrer Seele 100

Tipp: Sie sind nicht Ihre Angst 108

ENGEL

Gib Acht!
Durch jeden Menschen kann
Plötzlich ein Engel vor dich treten;
Helfende Hände, liebes Wort,
Ein Blick, ein Wink, ein kleiner Segen.

Gibt Acht!
Denn du weißt nie vorher,
Wann du sie triffst auf ihren Wegen.